当代大学生管理理论与实践路径研究

崔运强◎著

北京工业大学出版社

图书在版编目（CIP）数据

当代大学生管理理论与实践路径研究 / 崔运强著. — 北京：北京工业大学出版社，2021.9（2022.10 重印）

ISBN 978-7-5639-8102-1

Ⅰ. ①当… Ⅱ. ①崔… Ⅲ. ①大学生－学校管理－研究 Ⅳ. ① G641

中国版本图书馆 CIP 数据核字（2021）第 204079 号

当代大学生管理理论与实践路径研究

DANGDAI DAXUESHENG GUANLI LILUN YU SHIJIAN LUJING YANJIU

著　　者：崔运强

责任编辑：邓梅菡

封面设计：知更壹点

出版发行：北京工业大学出版社

　　　　　（北京市朝阳区平乐园 100 号　邮编：100124）

　　　　　010-67391722（传真）　bgdcbs@sina.com

经销单位：全国各地新华书店

承印单位：三河市元兴印务有限公司

开　　本：710 毫米 ×1000 毫米　1/16

印　　张：11.75

字　　数：235 千字

版　　次：2021 年 9 月第 1 版

印　　次：2022 年 10 月第 2 次印刷

标准书号：ISBN 978-7-5639-8102-1

定　　价：68.00 元

前　　言

大学生管理是高校管理体系的重要组成部分，也是高校教育教学工作的重要组成部分，也是一门应用科学，是一个理论性和实践性很强的科研课题，它涉及政治、经济、文化和教育等诸多方面，在保证高校人才培养、规范大学教育管理秩序、培养社会主义事业可靠接班人等方面发挥着积极的作用。新时期，高校大学生管理工作处于一个开放、多元、变革的环境，随着高等教育大众化趋势的发展，高校学生管理工作也发生了变化。

近年来，社会上对高校人才培养质量的批评和质疑越来越多，一个重要原因是，当前的大学不能完全按照培养科学技术发明创造人才的模式去办学。随着国家不断加大对本科人才培养模式改革的力度，许多高校开始积极探索构建适合本校的人才培养模式，在此背景下，开展高校大学生人才管理研究，具有重要的理论价值和现实意义。

全书共七章。第一章为大学生管理概述，分别对大学生管理的内涵与价值、目标与方法、特点与作用以及管理对象与管理思想进行了研究。第二章为大学生管理的理念与原则，分别对大学生管理的理念、原则以及理念的转变及对比进行了阐述。第三章为大学生安全管理，从大学生安全管理概述出发，逐一对大学生人身健康安全管理、心理健康安全管理、网络安全管理以及社交安全管理展开研究与讨论。第四章是大学生学习管理，分别对大学生智力水平与学习管理、思维特点与学习管理、人格特点与学习管理等方面进行了深入研究。第五章为大学生危机事件管理，以大学生危机事件管理概述作为出发点，细致深入地对身体健康危机事件的处置、"校园贷"危机事件的处置、社交危机事件的处置等内容进行了研究与阐述。第六章是大学生创业管理，分别对创业管理、创业机会、创业计划等方面进行了研究。第七章为大学生管理的创新，对大学生管理的过程与发展和新时代背景下大学生管理工作的创新两个方面进行了研究。

在撰写本书的过程中，笔者参考了大量的相关学术文献，并得到了许多专家学者的帮助，在此表示真诚感谢。本书内容系统全面，论述条理清晰、深入浅出。但限于笔者水平，书中难免会有不足，希望广大同行及时指正。

目　　录

第一章　大学生管理概述

本章将从四个方面对大学生管理进行论述，分别是大学生管理的内涵与价值、大学生管理的目标与方法、大学生管理的特点与作用以及大学生管理对象与管理思想。

第一节　大学生管理的内涵与价值

大学生管理的目标是实现高等学校的人才培养，大学生管理作为面向大学生实施的一种特殊的管理活动，有着特定的内涵与价值。

一、大学生管理的内涵

明确大学生管理的内涵是研究大学生管理的首要步骤，而厘清大学生管理的含义，是全面深入地把握大学生管理内涵的关键。

（一）大学生管理的含义

"管理"的字面意义就是管辖和处理。管理涉及面广，这也就使人们往往从某种角度或是按照某种需要来看待管理，因而不同的人对待管理，就形成了多种不同的理解。对于管理，就算是现今的管理学界，也仍然有多种不同的定义。强调管理的协调作用的人认为，管理是为完成某一目标，而在组织中从事的人与物质资源的协调活动；有的人从管理职能和过程的角度出发，提出管理是由组织、计划、指挥、控制和协调等职能为要素组成的一整套过程；有人又从决策在管理中的重要地位的角度出发，将管理等同于决策；从系统论的角度出发的人认为，管理就是根据一个系统的客观规律对该系统施加影响，以此使系统呈现新状态的过程；有的人突出组织中的人际关系和人的行为，认为管理就是激发人的积极性，协调人际关系并以此达到共同目标的活动。这些从各个不同角度出发而得到的不同的定义，共同揭示了管理活动的主要特性。

对管理的概念，结合上文的描述，我们可以做出如下表述：管理是指在一定的社会组织中，人们通过计划、决策、控制、组织，有效地利用信息、时间、人力、物力及财力等各种资源，以达到预定目标的某种社会活动过程。

大学生管理是高校人才培养工作的重要环节，同时也是高校管理的重要组成部分。因此对于大学生管理来说，其既有管理的一般特质，又有自身的某些特性。其含义主要表现在以下几点。

1. 大学生管理是在特定的社会组织——高等学校中进行的

对于任何管理活动来说，其总是在某一特定的社会组织中进行的。实际上，管理活动的产生也正是源于在社会组织中协调个人活动和组织成员的相互关系的必要性。这也正如马克思所说："凡是有许多个人进行协作的劳动，过程的联系和统一都必然要表现在一个指挥的意志上，表现在各种与局部劳动无关而与工场全部活动有关的职能上，就像一个乐队要有一个指挥一样。"作为系统培养专门人才的社会组织，高等学校对大学生的培养与教育是其最首要的，同时也是最基本的任务。高等学校为实现该任务而进行的管理活动，正是大学生管理。

2. 大学生管理的目的是促进大学生的全面发展并实现高校的人才培养目标

对管理而言其总是有某一特定目的的，管理的目的在于实现某一社会组织的某种预定目标。世界上既不能实现无管理的目标，也不会存在无目标的管理。作为高校人才培养工作的重要环节，促进大学生的全面发展，使之成为富有创新精神和实践能力的、全面发展的中国特色社会主义事业的接班人，实现高校的人才培养目标，才是大学生管理的目的所在。[①]

3. 大学生管理的实质是有效地利用学校的各种资源以提供指导和服务

大学生管理的任务是，为大学生健康成长并顺利完成学业提供各个方面的服务与指导，其中包括为家庭经济困难的学生提供资助服务、为毕业生提供就业服务、对大学生行为和大学生群体进行引导等。为此就需要通过科学的计划、决策、控制与组织，合理有效地利用各种资源，包括信息、时间、人力、物力、财力等。

---

① 李正军. 高校学生管理工作概论 [M]. 保定：河北大学出版社，2002.

（二）大学生管理的特点

大学生管理有着显著的特点，包括以下几点：

1. 突出的教育功能

对于高等学校人才培养工作而言，大学生管理是其重要的组成部分，所以大学生管理既具有管理的属性，又包含了教育的属性，有其突出的教育功能。

（1）大学生管理的目标服务并服从于大学生教育的目标

大学生跨进大学之门，就是为了接受大学教育，而大学生管理恰恰就是高等学校为促进学生圆满完成大学学业，实现大学生教育目标而实施的管理活动，所以大学生管理的目标是必然服务并服从于大学生教育的目标的。如果没有有效的大学生管理，教育目标就无法实现。[①]一方面，大学生教育目标的实现，有赖于大学生管理目标的实现。实现大学生教育目标的重要手段之一是大学生管理，只有通过有效的管理，充分调动学生学习的主动性和积极性，向学生提供各种必要的服务与指导，建立并维持正常的生活和教学秩序，才能为学生的健康成长和高校教学活动的顺利进行提供充分的保障。另一方面，制定大学生管理目标的基本依据正是大学生教育目标。大学生管理目标，实际上也就是大学生教育目标在大学生管理活动中的体现，大学生教育目标是大学生管理领域的分目标。大学生管理如果脱离了教育目标，也就偏离了方向。

（2）在大学生管理方法体系中，教育方法具有突出作用

包括大学生管理在内的教育方法，是现代管理活动中最常用并且使用最广泛的基本手段。这是因为人是有思想的，人总是用一定的思想意识支配着自己的活动，而一切管理活动又都离不开人。恩格斯曾经说过："推动人去从事活动，都要通过人的头脑。"因此，保持思想领先是任何管理活动都要遵循的原则，做好一个人的思想工作，要注意通过影响人的思想来制约并引导人们的活动。所以，作为大学生教育和培养工作系统中的重要组成部分，大学生管理更加注重运用教育的手段也就成了必然，并以此增强大学生管理的实效性，而大学生管理中其他方法顺利实施并收到实效的基础也是教育方法的实施。大学生管理的经济方法、行政方法和法律方法的实施，要想收到良好的效果，一般都要伴之以思想道德教育。

（3）大学生管理的过程，同时也是大学生教育的过程

作为教育及培养专门人才的场所，高校的一切工作都应当对学生起到良好

---

① 顾翔. 大学生管理 [M]. 上海：华东师范大学出版社，1998.

的教育作用。大学生管理工作由于直接面向大学生实施当然更是如此。事实上，在大学生管理过程中包含着十分丰富的教育因素。在大学生管理过程中，所贯彻的公正和谐、民主法制、以人为本的理念，所体现的实事求是、遵循管理和教育规律、从学校和学生的实际出发的科学精神，所采用的科学管理、依法管理、民主管理的方法等，这些都会对学生起到潜移默化的影响。大学生管理过程中依据大学生成长成才的规律和要求制定并实行的各项规章制度都会对大学生起到行为规范、动机激励和思想导向的作用。在大学生管理过程中，管理人员的言行、态度和情感也会对大学生起到示范作用。由此可见，大学生管理的过程实际上也是教育的过程，这将直接影响大学生思想品德的发展。

2. 鲜明的价值导向

为当今社会培养人才，是大学生管理的服务目标，大学生管理的形式、目的与体制总是受到社会的意识形态、政治制度和经济基础的制约。因此鲜明的价值导向是大学生管理所必然具备的，它总是体现着特定社会的价值主导体系并直接影响着大学生价值观的变化与发展。我国是一个人民民主专政的社会主义国家，我国的高校也是为社会主义建设事业培养专门人才所创办的。这样的社会制度就直接决定了我国的大学生管理必然要坚持社会主义的价值导向。具体地说，大学生管理的价值导向主要体现在以下几个方面。

（1）管理目标是大学生管理价值导向的集中体现

人类实践活动的基本特征之一是目的性。一个人实践活动的目的，总是基于其需要和对实践对象的属性的认识与判断，所以目的中总是体现着一定的价值观念。对于大学生管理的目的而言也同样如此。事实上大学生管理的目的及其展开的整个目标体系，同样都是基于一定的价值观念来设计与确定的，都体现并贯穿着一定的价值观念及价值追求，所以大学生管理的价值导向，不仅对大学生的日常行为和管理者的管理行为起着评价、激励和导向的作用，而且会对大学生价值观的发展起到重要的促进与引导作用。例如，大学生管理的重要目标之一是建立并维护良好的教学环境和生活秩序，这一目标就充分体现了"有序"的价值观念，将会促进大学生形成"有序"的观念。大学生管理培养什么样的人，为谁培养人，始终是大学生管理的首要问题，同时也是大学生教育的首要问题。对这个问题的解决，必然鲜明地体现着一定的价值观念和价值追求，这在现阶段的我们国家也就是体现社会主义核心价值体系，以及为实现中国特色社会主义的共同理想对人才培养的要求。所以我国大学生管理的目标，也必然要体现社会主义的价值导向。

（2）管理理念是大学生管理价值导向的突出体现

大学生管理的指导思想是大学生管理的理念，其直接制约着大学生管理的方法与原则。而大学生管理理念往往是社会的先进的价值观念在大学生管理中的贯彻，其总是体现社会的价值体系。例如在大学生管理中，"以人为本"的理念正是我党一贯坚持的"以人为本"的价值观念在大学生管理中的贯彻与体现。全面贯彻"以人为本"的理念并运用到大学生管理中，坚持做到"尊重人、关心人、发展人、依靠人、为了人"，必然会对学生确立"以人为本"的价值观念以及正确认识人的价值产生某种积极的影响。

（3）管理制度是大学生管理价值导向的具体体现

科学、严密的规章制度是大学生管理法制化、制度化和规范化的主要标志及基本保证，也是大学生管理的最基本手段。管理规章制度总是由人在一定的价值观念影响及指导下制定出来的，其内容总是体现着一定的价值导向，其中具体表现为提倡、鼓励大学生做什么，禁止、反对做什么；要求做什么，不做什么；奖励什么样的表现，惩罚什么样的行为等。大学生管理制度中的这些规定，无一不体现着鲜明的价值导向。教育部于 2005 年修订的《高等学校学生行为准则》（教学〔2005〕5 号）明确要求大学生要做到如下规定：热爱祖国，服务人民；坚定信念，志存高远；弘扬正气，遵纪守法；自强不息，勤奋学习；团结友爱，明礼修身；严于律己，诚实守信；热爱生活，强健体魄；勤俭节约，艰苦奋斗。这些对大学生行为的基本要求和规范，显然鲜明地体现了社会主义的价值导向。

3. 复杂的系统工程

大学生管理同任何其他管理活动一样是一项系统工程，具有开放性、层次性、动态性和整体性特点，同时大学生管理又有着特殊的复杂性。

（1）大学生管理的任务是复杂的

这就使其既要切实为大学生着想，加强对学生日常行为包括网络行为、消费行为、交往行为的管理和引导，及时校正和处理学生的异常行为；又要围绕大学生的中心任务，加强对学生实践活动和学习活动的管理及引导。既要对校园内大学生的安全加强管理与引导，又要为大学生校外活动的安全进行必要的督促；既要对大学生现实群体加强管理与引导，包括学生生活园区、学生党团组织、学生社团和学生班级，又要适应当下网络时代面临的新情况，对依托网络平台而形成的大学生虚拟群体加强管理与引导；既要做好面向经济困难家庭的学生的资助工作以帮助他们顺利完成学业，又要做好面向全体大学生的奖学金评定工作以调动学生学习的积极性；既要指导新生明确努力的具体目标，科学地制定职业生涯规划，又要为毕业生提供就业、创业的服务及引导，使学生毕业后能够在合适的岗位上实现自身的人生价值。总之大学生管理渗透于大学生学习与生活的方方面面，贯穿于大学生培养工作的全部过程及所有环节，其任务是复杂及艰巨的。

（2）每个大学生都具有鲜明的个性及明显的差异

大学生是大学生管理的对象，他们各自具有独一无二的思想感情和精神世界，有着不同的性格、气质、兴趣、习惯和爱好。由于每个人各有自己的生活经历，即便是同一个专业、同一个班级的学生，他们的思想行为也各有特点。随着当下大学生自主意识的增强，普遍崇尚个性，追求个性的自由发展，而同一学生在成长变化的不同时期，其特点也会有所不同。因此对每个人而言的大学生管理，就不可能完全按照统一的程序、要求、规格来进行，而要根据大学生的个性特点因势利导，有针对性地开展工作。这也导致了大学生管理具有特殊的复杂性。

（3）大学生成长过程中的影响因素也是复杂的

促进大学生的发展与成长是大学生管理的目的，不仅有学校教育的因素，影响大学生成长的还有外部环境的因素。构成外部环境的因素是复杂多样的，所有与大学生的生活、学习、交往和活动有关的环境因素，在现实世界中都会影响到大学生的成长。在这之中，既有物质的因素，也有精神的因素；既有自然的因素，也有社会的因素；既有历史的因素，也有现实的因素；既有文化的因素，也有经济的、政治的因素；既有学校周边社区的、家庭的因素，也有国际的因素。特别是世界随着现代信息技术的发展而越来越紧密地联系在一起，对于大学生来说，获取来自世界各地的信息变得方便而快捷，因此随之而来的影响大学生思想行为及其成长的环境因素也就更为广泛与复杂。

4. 显著的专业特色

传统上的大学生管理是经验性的事务性工作，但鉴于大学生管理有其特有的方法体系、特殊的内在规律和管理对象，就决定了其必须形成专业研究模式、使用专业方法、形成专业视角，所以大学生工作管理是件专业性很强的工作。

二、大学生管理的价值

对于大学生的成长成才、高等学校的发展以及社会的进步来说，大学生管理有着极为重要的价值。改进大学生管理的思想基础就是对大学生管理价值的全面认识，这也是大学生管理研究的重要课题之一。

（一）大学生管理价值的特点

大学生管理的价值是指大学生管理对社会、高等学校和大学生所具有的作用和意义，也就是大学生管理的属性和功能对社会进步、高等学校发展和大学生成长、成才需要的满足。大学生管理价值的客体是大学生管理本身。大学生管理具有能够对大学生的成长和发展、对高等学校实现教育目标、对培养社会合格人才发挥作用的属性与功能，正是大学生管理的这些属性和功能构成了大学生管理价值的基础。大学生管理价值的主体是社会、高等学校和大学生，高等学校是大学生管理的实施者。高等学校之所以要实施大学生管理，就源于实现教育目标的需要，而大学生管理则具有能够满足这种需要的属性和功能。因此，高等学校也就成为大学生管理价值的主体之一。

1. 间接性与直接性

对大学生管理的价值主体而言，其作用的形式有间接作用和直接作用两种，因而大学生管理价值也体现出间接性和直接性的特点。

对于大学生管理价值来说，其直接性指的是大学生管理能够直接作用于价值的主体以满足其一定的需要，而无须经过任何的中间环节。而大学生管理价值的间接性指的则是无法直接作用于价值的主体，为满足其一定的需要必须借助于一定的中间环节，间接地作用于价值主体之上。

对大学生而言，大学生管理的作用和影响往往是直接的。而对于社会来说，大学生管理的作用和影响，一般是通过影响大学生间接地发生的。

2. 积累性与即时性

大学生管理以自身的属性和功能对价值主体某种需要的满足，总要经过一个或短或长的过程，即大学生管理价值的实现。大学生管理价值的积累性与即时性的特点，也正是在这一过程中得以体现。

在短时间内为满足价值主体的某种需要，大学生管理活动可以迅速地达到目标，这些工作体现了大学生管理价值的即时性。例如，为了使家庭经济状况比较困难的新生能够进入大学，及时办理学生助学贷款；为维护校园稳定和学生安全，及时处理突发事件等。而需要经过长期的工作积累，大学生管理在通过一个相当长的过程后才能达到目标从而满足需要，这些工作体现的则是大学生管理价值的积累性。例如，为了满足高校培养人才的需要而建立良好的教学与教育秩序；为了满足学生自身发展与社会发展的需要而对学生良好的行为习惯和思想品德的培养。这些都需要长期的工作积累，一朝一夕的工作是无法实现的。

3.受制性与扩展性

大学生管理价值在实现过程中会被其他各种各样的因素影响，这体现了大学生管理价值的受制性。这是因为大学生成长成才的作用和意义是大学生管理的价值，而外部环境因素和高等学校内部其他因素都会影响大学生的成长成才。因而其他种种因素的制约，必然会影响到大学生成长成才中大学生管理作用的发挥。当大学生管理的作用方向与其他因素对大学生的影响一致时，收到实效就会比较容易，实现大学生管理的价值也就比较轻松。反之如果大学生管理的作用方向与其他因素对大学生的影响不一致时，大学生管理要想收到实效就颇为困难，实现大学生管理的价值也就相应较难。

大学生管理价值的扩展性指的是通过大学生活动的影响，大学生管理可以对高校外部环境和高校内部其他因素产生作用，从而扩展其自身价值。例如，通过对大学生的创业活动和科技创新的支持与鼓励，学生们创业和科技创新的积极性就会被激发，进而必然实现以提高学生创业能力和科技创新能力为目的的教学创新。再如，通过对学生日常行为的教育与指导，大学生管理可以使学生养成自觉维护环境卫生与公共秩序、遵守社会道德规范的习惯，而这也必将会对学校周边的环境产生积极影响。

4.系统性与开放性

大学生管理的价值是由多种类型、多种维度的内容共同构成的有机整体，这体现了大学生管理价值的系统性，同时多种划分依据也体现了其开放性。按照主体来划分价值，可将其分为价值、集体价值和个体价值。对于社会运行和发展，大学生管理所展现出来的意义与作用就是社会价值；对于高校运行和发展，大学生管理所展现出来的意义与作用就是集体价值；而对于大学生个体成长和发展，大学生管理所展现出来的意义与作用就是个人价值。按其存在的形态来分，价值又可以分为现实价值和理想价值。大学生管理价值所应具有的状态就是理想价值，这也是其所追求的最终价值；而现实价值则是大学生管理目前所在的状态，也就是在目前状况下正在实现或已经实现的价值。还可以按其性质，将价值分为负向价值和正向价值；或按其大小，将价值分为低价值和高价值，等等。上述各种价值组成的系统，正是大学生管理价值。

（二）大学生管理的社会价值

对于社会的运行与发展，大学生管理所表现出来的意义和作用就是大学生管理的社会价值，对社会运行与发展来说，即大学生管理的功能和属性对需要的满足，其社会价值集中表现在它是构建社会主义和谐社会的重要手段。

1. 培养合格人才的重要手段

只有一大批拔尖创新人才、数以千万计的专门人才和数以亿计的高素质劳动者共同努力，中国的特色社会主义事业才能得到充分发展。作为人才培养的重要基地之一，高校的中心任务是培养合格的专门人才并使他们为中国的特色社会主义建设做出自己的贡献。在培养合格人才中，作为高校人才培养工作的最重要手段之一，大学生管理发挥着重要作用。

2. 构建和谐社会的内在要求

我国人民大众不懈奋斗的重要目标之一，就是实现社会的和谐，而其也是全人类的社会理想。对于社会和谐的认识，我党自十六大以来不断地深化，也明确地提出了构建社会主义和谐社会的任务。在我国，中国特色社会主义的本质属性就是社会和谐，发展中国特色社会主义的重要保证和基本要求是构建社会主义和谐社会。作为向特定社会群体提供服务与指导的社会活动，在构建社会主义和谐社会中，大学生管理发挥着特有的重要作用。

（三）大学生管理的个体价值

对于当代大学生个体的成长与发展，大学生管理起的意义与作用就是大学生管理的个体价值，也就是对大学生个体来说，大学生管理的属性和功能对其发展和成长需要的满足。激发动力和引导方向、开发潜能和规范行为等几个方面是个体价值主要表现所在。[①]

1. 引导方向

导向功能是大学生管理具有的突出特点之一，对学生的发展与成长来说，大学生管理在其中起着重要的导向作用。以下三个方面是其主要表现。

（1）对政治方向的引导

政治方向是一个人素质中的首要因素，人们行为思想的最基本倾向决定于他的政治方向。政治方向是政治的态度、立场、信念、观念与品质的综合体。在对人才的培养中，把坚定的政治信仰放在第一位是我党历来所强调的。

（2）对价值取向的引导

人们在处理面对各种类型的关系时，基于其自身的价值观所表现出来的基本价值态度和基本价值倾向，就是所谓的价值取向。一个人的价值选择决定于

---

① 李正军. 高校学生管理工作概论 [M]. 保定：河北大学出版社，2002.

其价值取向，人们行为思想方向也同样受制于价值取向。

（3）对业务发展方向的引导

在引导大学生确定符合其自身实际的奋斗目标，又符合当下社会的需要时，引导他们把时间与精力投入实现既定目标的学习活动中来，从而对其早日成才起到促进作用。

2. 激发动力

对高校学生来说，高校科学、系统的教育为其发展与成长提供了良好的环境。大学生在校期间能否得到全面的发展和健康的成长，其自身主观能动性的发挥是问题的关键所在。邓小平曾经说过，"我们要求所有的人都努力上进，但毕竟还要看各个人自己是否努力"。因此必须充分调动大学生学习的积极性、主动性，注重激发其内在动力，才能对大学生的发展与成长起到促进作用。在激发大学生的内在动力方面，大学生管理具有突出的作用，其具有显著的激励功能。

第二节　大学生管理的目标与方法

一、大学生管理的目标

目标的概念是与目的的概念紧密相连的，以致二者在多数情况下是可以互换使用、无法区分的，"目标"的含义在《辞海》中的解释也有"目的"之意，但是二者在实际上是有一定区别的。"目标与目的根本不同，你能测量目标但不能测量目的。一个人最后的目的是一种哲学力量，它是我们行动的先验的本质"。目的指的是人们对希望事物未来状态的描述，属于价值观念的范畴，它往往表达一种方向或是应该达到的理想状态，也是人们的主观愿望；而目标则是人们在一定时期和情景下所欲实现和追求的具体、明确的事项或结果。因此，目标是具体的并且是可列举的，而目的则是抽象和概括的；目标以客观指向为侧重点，而目的则是以主观愿望为侧重点。目的的具体化就会产生目标，而目标的最终形态就是目的，因此从本质上来讲二者殊途同归，只有通过转化为具体的可操作的目标，目的才能实现。

对于任何的管理活动来说，其都有一定的目标并且是围绕这一特定目标而进行的。大学生管理是大学生教育组成的一部分，所以大学生的教育目标同时也是大学生的管理目标，教育目的也就是大学生管理工作的最终目标。教育的目的是人的发展，在教育目的统摄下，对于人的教育目标，也就必定会是一种动态的结构。作为学生管理工作的新范式，大学生管理建立在对人本质的认识基础之上，追求与传统学生管理工作相异的目标，并通过这些动态发展的多层次目标，实现大学教育的目的。本节从基础性目标、发展性目标和终极指向性目标三个层面对此进行探讨和分析。

（一）基础性目标

对大学生对话意识与能力的培养、非理性因素的发展和知识体系等的建构是大学生管理工作的基础目标，这些目标不仅仅是对大学生管理工作的基础要求，对人的主体建构、发展同样发挥着基础性的作用。大学生管理最低层面的目标即基础性目标。

1. 知识的建构

人类在与外部世界相互作用的基础上所获得的认识就是我们所说的知识，它就是人们所特有的对于认识对象的某种认识与描述、看法与判断、主张与观念。人类的智慧和理性均来源于知识，推动人类社会发展的力量也正是知识。教育的主要目标之一是获得知识，而知识也是教育的载体与重要内容。

在大学生管理中，建构大学生的知识体系，这其中既包括了人文知识，同时也包括科学知识。发展科学知识为其提供基础，而人文知识则为人发展的方向和目标提供指引，两种知识相互补充，为人的协调发展提供动力，任何一方面知识的缺乏都会破坏人发展的完整性。缺乏科学知识的人无法正确认识世间万象的客观规律，也就不能为人类社会的发展提供服务，甚至无法立足于这个社会；而一个人如果缺失了人文知识，那么其将精神退化、道德沦丧并最终迷失自我。人文知识与科学知识是人发展的一对翅膀，二者共同作用才会铸就幸福的人生。"科学提供幸福的物质前提，人文提供幸福的精神条件；科学解决人的生理平衡问题，人文解决人的心理平衡问题；科学使人获得现实的利益，人文使人享受到理想的快乐；科学以实在的方式让人感受到适意，人文以超越的方式使人体验怡然自得的意境；科学将有限的、具体的满足赐福于生活，人文将无限的、永恒的激情灌注于人性。"

2. 对话意识与能力的培养

"对话意识"是对话的一种更深层次的隐喻，正如滕守尧曾经说过的那样，"如果'对话意识'出现了缺失，即使在表达上运用了优美的语言，即使谈话有问有答且花样百出，那样的谈话也不是真正的对话，只不过是机械的问答罢了。因此正是这样一种民主意识，决定了交谈是否为对话，这种意识是一种致力于互相理解与合作，致力于共同创造和睦相处的精神的意识，而这便是'对话意识'"。在看待他人他物时运用这样的对话意识处理与其他主体间的关系，这是一种全新的思维模式。培养这种对话意识与精神并实现与他人他物共同发展，正是大学生管理的重要目标所在。

3. 非理性因素的发展

与理性的概念相对应的就是非理性的概念。理性是指人们在意识反映控制下自觉地认识和把握事物的抽象思维能力、形式与活动。推理、概念与判断是理性的主要表现形式，理性的主要特征是自觉性、逻辑性、内在性和抽象性等。非理性有广义和狭义两方面的含义。狭义上的非理性指的是在人主体结构中的属于非认知或非理智的因素，例如，欲望和情感、意志和信念、动机和习惯；广义上的非理性除狭义概念包含的因素之外，还包括人的认识中的非逻辑的因素，例如，幻想和想象、顿悟和直觉、灵感和潜意识。纵然以意识反映为基础，非理性因素常常不为意识所控制，具有不自觉性、不确定性、突发性、瞬时性、非逻辑性、非语言性、体验性、创造性等特征。在人的主体活动中，非理性具有驱动、激活、选择、调控、维系与突破等方面的重要作用，在人的主体个性中，相比理性因素来说，非理性因素是更为重要的标志，构成个性的动力因素是人的创造性的源泉，它形成了人的认识发生的主观机理。爱因斯坦曾经说过，"人类一切的创造和努力，其背后的动力都是愿望与感情"，甚至他还认为科学家们"每天的努力并非来自深思熟虑的意向或计划，而是直接来自激情"。列宁也曾说过，"没有'人的感情'，就从来没有也不可有人对于真理的追求"。非理性因素与理性因素一起构成了人的主体的完整。

（二）发展性目标

追寻人生的价值与意义、完善学生人格与建构生活等都是大学生管理的发展性目标。将其称之为发展性目标的原因，不仅是因为其对于人自身的完善和发展来说始终与它们交织在一起，并从不同的角度使人主体的发展与建构得以实现，也因为它们本身是一个发展的过程，始终处在一个不断发展的、永恒持续的进程之中。

1. 人格的完善

人格是什么？原意为戏剧演员所用面具的拉丁文 persona，是现代西方"personality（人格）"一词的来源。后来经人加以引申，"人格"一词已经成为一个多概念、多内涵的词语。心理学家阿尔波特认为，"在物理与心理系统中个体的动力组织是人格，而人对环境顺应的独特性正是决定于该动力组织"；艾森克对此有不同的理解，他认为，"人格是个体由遗传和环境所决定的实际的和潜在的行为模式的总和"。由此可见作为一个具有多层次含义的名词，人格是"以性格、气质、能力为特征的'心理人格'，与个人的气质操守、道德品质、人格情操相关的'道德人格'，和法律主题不可分离的'法律人格（personal right）'等多方面因素综合的一个统一体"。"人格是指在个人的生理基础上，受到家庭、学校教育和社会环境等方面的影响，而逐步形成的气质、能力、兴趣、爱好、习惯和性格等心理特征的总和；它是具有社会意义的各种特性的统一体；是由体格上的特性，精神上的特性，特殊能力、经验、气质、意志、品质等特性构成的有机整体。"总之，人格是一个人思想和行为的综合，是经过社会化的人获得的相对稳定并内在统一的个人特质。

　　教育的最基本目的就是人格的完善与发展，在联合国教科文组织的权威报告《学会生存》中，将教育的基本目的定义为"把一个人的各方面的因素（包括智力、体力、伦理情感等）综合起来，使他能够被称为完善的人"。一个人在情感与认知、信念与意志等诸多方面达到一个完整并统一的程度，从而达到真、善、美一体化的境界，才是人格的完善。这个过程是一个人人生中永无止境的追求，是一个人长期学习实践和反复锤炼提高的过程。和谐的人格，是人格完善的最终目标指向。爱因斯坦对此也曾说过，"学校的目标始终应当是：青年人在离开学校时是作为一个和谐的人，而不是作为一个专家"。人们对于现实人格发展的目标之一便是有和谐的人格，它描述了人格的发展和完善的前景，所以它们的层次和水平之间存在着差异。这样的人格理想可以通过对自身不断地完善和发展并最终迈向至善的境界，各种素质与能力会因这种人格而相得益彰。所以对于大学生来说，这样的人格能为其进一步全面发展提供保障和推动的力量。

2. 可能生活的建构

　　回归现实生活的世界，立足于学生现实生活的大学生管理，其目标是对学生的可能生活的建构。赵汀阳曾经提出"可能生活是现实世界所允许的生活，但不等于现实生活。可能生活是理想性的，它可以在现实生活之外被理解。如果一种可能生活得到实现，它就是现实生活，可能生活可以定义为每个人所意味着去实现的生活"。所以，从一方面来说，可能生活的前提与基础是学生的现实生活。对人现实的需要排斥或否定、脱离人现实的生活并不等于可能的生活。学生唯一能够充分享有并真实把握的生活形式才是现实生活，这也是学生所拥有的发展可能性得以不断生成与实现的过程。从另一方面来说，反思与超越学生的现实生活又是可能生活。它指向一种"尚不存在"的理想生活，体现着一个人可能的所在，是一个人对自己各种发展可能性的筹划，一个人拥有的具有积极意义的发展可能性是其主要指向，一个人的生活希望为其所代表。

"可能生活既介入学生的现实生活，又超出学生的现实生活，是一种既源于学生的现实生活，又高于学生的现实生活的理想生活形式，是一种基于历史和现实而指向学生的未来与可能的动态生活形式，是一种自成目的性、富有生活意义和生命价值的生活形式。"作为人的基本生存状态，现实生活决定了人的生存和延续；而作为人的生活的理想形态，可能生活决定了一个人自我完善与自我实现的高度。大学生管理的方法在于从现实生活出发，引导学生去体验与反思现存的生活状态，从而对生活的真谛做出自己的感悟，进而去创造更加完满、美好并更富意义的可能生活。对现存生活不断超越的过程、对可能生活不断建构的过程，才是应有的大学生管理的过程。

（三）终极指向性目标

对于任何事物来讲，终极指向性目标都是普遍性与特殊性的统一，这对于大学生管理来说同样适用。作为大学生管理特殊性的表现，其终极指向性目标是培养学生的对话理性，并以此对学生进行引导。而对大学生管理的教育意义来说，它又要以实现人主体的发展与建构（即教育的目的）为自己的终极指向性目标，这也是大学生管理普遍性的表现所在。

1. 对学生对话理性的培养和对其对话人生的引导

在对话哲学的视野中，无论是对人格的完善，对大学生对话能力及对话意识的培养和各种知识的建构，还是对人生价值与意义的追寻和对生活的建构，最终都将指向人们对话理性的形成。在对话理性指引下的人生即对话人生，这是一种崭新的人生，将把人带向一个新的境界。马丁·布伯认为真正的人生必须是对话的人生。学者夏正江对于对话人生曾进行过较为深入的分析，他认为，从存在论角度看，对话人生就是超越它的世界，学会与世界建立一种活生生的精神上的关系的人生；从认识论角度看，对话人生就是以一种开放的、自由探究的理性精神，同他人（或他人所创造的文本）一同参与到追求知识、真理（包括真、善、美不同类型的知识）过程中的睿智人生；从社会哲学的角度看，对话人生是一种发生在人际交互世界之中的，以人类相互交往、沟通、理解的实践旨趣为导向的人生。而对话人生的核心和灵魂就是一个人的对话理性，对于一个人自身意义、价值和生命精神的追求是其目标所在。在此需要特别指出，对话人生代表一种生活境界和生活修养，它是一种审美的人生，"对话意识的高扬，必定会将人类引向一个异于以往任何时代的新时代……更重要的是，它有了一种更新的和更强有力的精神追求——对于'对话'造就的高深精神境界和审美文化的追求。这种追求必将促进当代人精神向更高的层次发展，也会使当代艺术更加丰富。对话精神如果得以实现，我们的文化就会一步步走向古哲们梦想的真、善、美一体的境界，成为人人向往的审美文化。"

2."对话人"：人主体的发展与建构的目标指向

实现教育目的，是大学生管理的最终目标。然而对于教育目的这个问题，学术界仍然存在着诸多的争论与分歧。但是，随着近年来对工具化教育批判的深入与对危害的揭露，对于教育，我国教育界已经确立了以"人"为目的的基本共识。在此基础之上，出于对教育目的研究，本书将进一步对作为主体的人的建构与发展予以定位，这里的"主体"是一种交互主体、类主体和共主体，是在对话哲学主体视野下的处于关系中的共生、共在、共享的主体。

二、大学生管理的方法

大学生管理的科学有效实施，不仅要使用行之有效的方法，也要系统把握大学生管理的过程。大学生管理的各种方法都有其特殊的特点与作用，提高大学生管理效率的关键，就在于全面掌握大学生管理的方法并能做到正确的运用。

（一）大学生管理方法的内涵

为确保管理活动的顺利进行和管理目标的实现，对大学生的管理活动采取的工作方式就是大学生管理方法。管理工作中最不可或缺的工具就是管理的方法，它与管理理论有着密切的联系，源自管理实践的进行。在现代管理理论中，各个学派的出现及发展，从某种意义上说均标志着管理方法的不断创新。

作为管理原理和管理理论的自然延伸，管理方法是实现管理目标的途径和手段，是指导管理工作有效进行的必要工具，只有通过管理方法，管理实践中的管理理论才能发挥作用，并且是任何管理原理与管理理论都无法替代的作用。如今在吸收多种学科理论基础上形成的管理方法，已逐步成为了一个相对独立的领域。

（二）大学生管理方法的种类

1. 法律方法

大学生管理的法律方法是指以法律规范以及具有法律规范性质的各种行为规则为手段，调节大学生管理系统内外的各种关系，规范大学生管理行为的管理方法。这种方法的内容不仅包括了相应的仲裁及司法工作，也包括各种法规的建立与健全。这两个环节缺一不可，缺乏司法和仲裁会使法规的执行无法发挥效力，流于形式；而没有健全的法规将使司法和仲裁工作无法可依。

2. 行政方法

按照行政系统和层次对规定、命令以及指示条例等行政手段加以运用，直接指挥下属工作的方法就是行政方法。在管理过程中依靠机构组织中的职位及职务，就是行政方法的实质，行政方法实际上就是行使政治权威。

3. 经济方法

对于不同经济利益体之间的关系，在进行调节时注重运用各种经济手段，以此获取较高效益的管理方法就是经济方法。对大学生管理而言的经济手段主要是奖学金和罚款等形式。奖学金的设置对大学生的学习活动具有激励作用。获得奖学金的条件和项目的设置应能表达学校管理者对学生的期望，并且对学生的努力目标和行为方向具有明显的引导作用。而违反规章制度并给学校造成了危害的行为，管理者对此进行的经济惩罚就是罚款。罚款的存在可以对某些人的不轨行为进行制约，但是在处罚过程中不能滥用罚款，其名目和数额的设置要适当。对于用罚款来代替思想教育和管理工作的倾向要坚决杜绝。赏罚严明最为重要，祛除邪风宣扬正气，当罚则罚，该奖就奖。只有这样做，经济手段才能真正成为有效的管理手段。

4. 教育方法

对于受教育者来说，高校按照一定的要求从各个方面对其施加影响的有计划的活动就是教育。在大学生管理中，教育方法主要指通过思想政治教育来对大学生的主动性、积极性予以激发并对大学生的行为及思想提供引导。管理的基本方法之一就是教育，这是因为人才是管理的核心，而一定的思想又总是对人的行为产生着支配与制约作用，因此在管理工作中，要重视对人的思想工作，通过影响人的思想，进而去改变他们的行为，从而对组织目标的实现起到促进作用。作为大学生培养与教育工作中的重要组成部分，在大学生管理工作中要注重教育手段的运用，以此使大学生管理的教育性得到加强。

（三）大学生管理的主要方法

对大学生的管理方法一方面要促进管理理论的深化及发展，另一方面又要接受管理理论的指导。因为现实的条件千变万化，大学生的活动及其形式总不可能是一成不变的，因而照搬照套的固定模式，在实际的管理中是行不通的。采用任何管理方法如果过分执着于信条，最终的结果往往会事与愿违，其必须要有一定的灵活性，对待具体的问题要做出具体的分析。就像著名的管理咨询家汤姆·彼得斯说的那样："管理根本不存在一般模式，即使有也不是成功的标志……当然，管理并非无理可循，它也有一定的规则和原理，但正如有人所说，管理如同下棋，管理的规则和范例如棋谱，分析棋谱绝对对棋艺的精进有帮助，但是棋谱不可能重复，一旦置身于问题的迷阵之中，解决的方法便没有规则可循了。所以，原则自然要相信它，但应用时就要艺术化，而且要使自己明白没有任何东西是可以永恒的，世上没有最好的管理方法，谁说知道了管理的永恒法则，上帝都会窃笑不已，任何执着于书本和信条的人都是傻瓜。"

1. 目标管理的方法

1954 年，管理大师彼得·德鲁克提出，目标管理是为了协调不同组织成员的努力，在计划执行中充分发挥他们的作用，在这其中将组织任务转化成必需的总目标，然后以组织结构的特点和目标活动为根据，分解为各个部门和层次的分目标，并根据分目标的要求，对下级工作组织的各级管理人员进行指导的管理活动。对于组织内的每一个部门、每一个人来说，目标管理要求他们为了实现组织的目标进行全力配合，对于分内的工作自行设定目标、制定方针、编订制度、达成目标，要通过最有效率的手段，并经由检查、绩效考核、评估目标与达成状况发现尚需改善之处，并以此作为参考依据进行后续目标的设定。

2. 民主管理的方法

实施民主管理，是目前大学生管理工作的大势所趋。追求民主是人的高层次追求，这与人的素质有关，作为高文化人群，大学生对民主有更高的追求。民主管理的实施，对大学生来说不仅有助于其自身全面发展的实现，也有利于其各项活动的有效进行。

3. 刚性管理的方法

刚性管理指的是凭借奖惩规则、纪律监督等手段，对组织成员进行以规章制度为核心的管理。刚性管理是以规章制度为核心的管理，强调控制的严格。规章制度的约束是明确的，其强调外在的控制，具有很强的控制性。任何一个机构的正常运行，都离不开严格的制度。刚性管理是保证一个机构正常运转的管理机制的有机组成部分，其基本思路是"合于法"。

处于成长期的大学生极易受外界环境的干扰，容易增长惰性，其判断与自我控制的能力也相对较差。刚性管理在此情形下，不仅是行之有效的，更是必不可少的。惩罚学生并不是刚性管理的出发点，以"法理"为前提正确规范并约束学生的行为，进而达到学校秩序得到维护、教学与教育质量得到提升、学生成长成才得到促进的目的，这才是刚性管理的出发点所在。

4. 柔性管理的方法

柔性管理是相对于刚性管理的概念提出来的。人们对新时代管理的要求，已经不仅仅停留在科学与规范的层面，而是更偏向于对人性中的人格尊重与相互关怀的强调。对于人的全面发展起到促进作用的管理活动，也越来越多地为人所用，柔性管理便应运而生。对于大学生管理来说也不例外，对于有追求、有思想、有感情的管理主体来说，大学生管理中的许多问题，单纯刚性的管理已无法彻底解决，柔性管理的辅助势在必行。人是柔性管理坚持的中心，其注重的是心理沟通与人文关怀，强调的是通过对共同的价值观与和谐的组织文化的营造，使组织的凝聚力与向心力得到强化，从每个成员的内心深处激发其创造性、主动性和积极性。以刚性管理为基础和前提的柔性管理，是刚性管理的完善，使组织焕发活力是其目的所在。无论是柔性管理还是刚性管理，对于大学生管理而言都是以促进大学生的发展为落脚点的。因而在大学生管理中，刚、柔两种方法是相辅相成的，应该做到二者共建、共生与共融，实现刚柔并济。

柔性管理对高校学生管理者来说，其精髓在于以学生为本，注重人文关怀，它强调的是在尊重大学生人格和尊严的基础上，充分发挥大学生的创新精神、积极性与主动性，使之在大学生活的各个方面能够变消极为积极，变被动为主动，变他律为自律，促进大学生的自我管理、自我约束、自我完善，并使之趋善避恶，最终成长为社会所需要的品格优秀的高素质人才。

第三节　大学生管理的特点与作用

我国高校学生管理的实践证明，对大学生的成功管理，必须以马克思主义理论为指导，必须与时俱进，必须从我国的实际情况出发，同时又要遵循高校管理的基本规律，把握住高校的特点。只有这样，才能使高校学生管理产生积极的效益，确保学生成才。

一、高校学生管理的特点

高校学生管理作为高等学校为实现人才培养目标而为大学生提供的引导与服务，有其自身显著的价值导向的特点。

高校学生管理总是为社会培养人才提供一定服务的，高校学生管理的目的、管理体制和管理形式总是受到社会经济基础、政治制度和意识形态的制约的。因此，高校学生管理必然具有鲜明的价值导向，它总是贯穿并体现着一定社会的主导价值体系，并直接影响着大学生价值观的形成、变化与发展。我国是人民民主专政的社会主义国家，我国的高等学校是为社会主义建设事业培养专门人才的，这就决定了我国的高校学生管理必然要坚持社会主义的价值导向。具体地说，高校学生管理的价值导向主要体现在以下几个方面。

（一）高校学生管理的价值导向集中体现在管理目标中

目的性是人类实践活动的基本特征。而人的实践活动的目的，总是基于一定的需要和对实践对象的属性及其变化趋势的认识与判断，因而总是体现着一定的价值观念。高校学生管理的目的同样如此。事实上，高校学生管理的目的以及作为其具体展开的整个目标体系，都是基于一定的价值观念确定和设计的，都贯穿和体现着一定的价值观念和价值追求。因而，高校学生管理的价值导向不仅对管理者的管理行为和大学生的日常行为起着导向、激励和评价作用，而且会对大学生价值观的形成和发展起到重要的引导和促进作用。例如，建立和维护良好的教育教学和生活秩序是高校学生管理的重要目标，这一目标就体现了"有序"的价值，因而这一目标的执行，又会促进大学生形成"有序"的观念。同时，高校学生管理是大学生教育的重要环节。为谁培养人，培养什么样的人，始终是大学生教育的首要问题，当然也是高校学生管理的首要问题。显然，对这个问题的解决，必然鲜明地体现着一定的价值观念和价值追求。在我国现阶段，也就是要体现社会主义核心价值体系，体现实现中国特色社会主义的共同理想对人才培养的要求。因而，我国高校学生管理的目标也必然要体现社会主义的价值导向。

（二）高校学生管理的价值导向突出体现在管理理念中

高校学生管理理念是高校学生管理的指导思想，直接制约着高校学生管理的原则和方法。而高校学生管理理念也总是体现着社会的价值体系，并往往是社会先进的价值观念在高校学生管理中的贯彻和体现。例如，高校学生管理中的"以人为本"的理念，就是我们党所坚持的"以人为本"的价值理念在高校学生管理中的贯彻和体现。在高校学生管理中全面贯彻"以人为本"的理念，坚持做到"关心人、尊重人、依靠人、发展人、为了人"，必然会对学生正确认识人的价值，确立"以人为本"的价值观念产生积极影响。

（三）高校学生管理的价值导向具体体现在管理制度中

科学而又严密的规章制度，是高校学生管理的基本手段，是高校学生管理规范化、制度化和法制化的基本保证和主要标志。而管理规章制度总是人们在一定的价值观念指导和影响下制定出来的，总是体现着一定的价值导向，具体表现为要求大学生做什么，不做什么；鼓励和提倡做什么，反对和禁止做什么；奖励什么样的行为和表现，惩罚什么样的行为和表现等。高校学生管理制度中的这些规定无不体现着鲜明的价值导向。

二、高校学生管理的作用

实现全面小康，需要千百万建设社会主义事业的专门人才，而高校是现代社会人才的"加工厂"，担负着培养人才的重大责任。高校学生管理工作是高校教育管理工作的重要一环，其责任总体上与高校的根本任务是一致的。这种责任决定了高校学生管理工作的重要作用，它主要反映在以下几个方面。

（一）育人作用

高校学生管理是高校管理的重要方面，高校是人才培养的基地，高校管理是为培养人才服务的，高校学生管理更是直接针对大学生的，但这种管理却与一般意义上的管理不一样，它不是单纯的管理，而是带有教育性质的服务，即不仅要通过管理促进高校的有效运行，而且要通过管理达到教育目的，使学生成为高校的合格"产品"。也就是说，高校的学生管理是一种"管理育人"的管理，这种管理要与高校的教学、思想政治工作和心理健康教育等一系列工作有机结合起来，产生一种管理育人的效果，促使党的教育方针在高校得到真正落实。

（二）稳定作用

高校学生是一个特殊的社会群体，他们具有青年的特质——朝气蓬勃、充满激情、追求真理、关心时事；同时也有着青年固有的不足——容易冲动、易走极端、时有盲从、阅历较浅、情绪不如成年人稳定等。他们在法律上是完全民事行为能力人，但从某种意义上讲，他们在心理上却是准成年人。

与其他同龄人相比，他们掌握着更多的知识，但较之真正的知识分子，他们的知识又存在结构上的缺陷和知识量上的不足。这样一个大的群体居住在一起，各种矛盾冲突在所难免，处理不当，极易发生群体性事件。在全面建设小康社会的过程中，各种政治、经济、社会和文化等方面的矛盾必将反映到大学生中来，如果管理不到位，缺乏敏锐的政治意识，高校的群体事件就可能演变为政治性群体事件，从而给社会的稳定带来威胁。因此，依法管理，通过制定并实施符合学校实际的规章制度，引导大学生端正学习态度、明确学习目的、掌握正确的学习方法、养成良好的生活习惯，通过各种渠道和措施，帮助大学生养成良好的心理品质，形成稳定的情绪，从而保持学校的稳定，是高校学生管理的又一重要作用。

（三）增强大学生能力的作用

高校是培养人才的场所，因此高校的学生管理应有培养学生的功能，应发挥增强学生能力的积极作用。例如，社会实践的管理，可以增强大学生社会实践和社会活动的能力；实验室的管理，可以增强学生的动手能力；心理咨询可以提高学生自我认识、自我调节的能力；学生的党团活动可以提高学生对党团的认识水平。

第四节　大学生管理对象与管理思想

一、高校学生管理对象及研究内容

所谓管理对象是指"管理活动的承受者"。随着人类认识的深化和管理的科学化、复杂化，不同时期、不同学派对管理持有不同的见解：一种见解认为管理对象是指管理活动所作用的各种具体对象，最初是人、财、物三要素，后增加了时间、空间，成为五要素，又增加了信息、事件，成为七要素等。另一种见解认为管理对象是指管理活动所作用的特定系统，即把管理对象作为由多种要素组成的有机整体，该系统与外界环境进行信息、能量、物质交流。高校学生管理作为高等学校管理工作的重要组成部分，其工作对象无疑是指高校学生。从广义的角度来看，这些学生应包括所有在高校求学的人，即专科生、本科生、硕士生、博士生等，因为这些人都是高校学生管理活动的承受者。高校学生管理牵涉诸多知识体系，包括管理学、教育学、青年心理学、政治学、人才学等，因此高校学生管理是一门综合性、政策性很强的应用科学，它具有自己独特的研究对象，这个对象就是学生管理活动本质的、内在的联系及其发展变化的规律。对于中国来说，学生管理科学是以马克思主义、毛泽东思想、邓小平理论和"三个代表"重要思想、科学发展观、习近平新时代中国特色社会主义思想为指导，以党的路线、方针和政策为依据，建立在教育科学、管理科学、青年生理学、青年心理学等基本理论和丰富的学生管理工作经验的基础之上，研究学生管理的对象、任务、原则、内容、方法和规律的一门科学。

高校学生管理作为学校管理的一个重要方面，同其他管理工作一样，都是以教育领域某一方面的特殊现象和规律为研究对象的，它必然要受到教育领域总规律的支配与制约。因此，它又不同于管理工作的其他分类工作，具有相对的独立性。我们只有既认识到高校学生管理工作与其他管理工作的密切联系，又认识到它与其他管理工作的不同特点，才能真正揭示高校学生管理现象本身所具有的特殊规律，使之成为一门具有特性并富有成效的管理工作。[①]

作为一门管理科学，一般而言，总要有相应的学科知识成为其所依循的工作方针，而一门学科的建立必须具备一个必不可少的条件，即它必须具有一套系统的范畴体系。范畴体系既体现了研究的角度，也展示了研究的内容，同时又表明了体系内各要素相互间的关系。因此，准确而恰当地表述高校学生管理学的研究内容，最好的办法是确立这门科学的框架和范畴体系。我们认为，高校学生管理工作要研究的内容应涵盖以下几个方面。

（一）学科理论的研究

包括高校学生管理科学的性质、理论基础、研究对象和领域、主要研究任务、学科的地位和作用，高校学生管理的指导思想和原则，如何对历史的经验进行抽象和概括以纳入理论体系之中，如何移植、融合相关学科的理论，不断丰富、完善和发展高等学校学生管理科学等。

（二）方法论的研究

研究高校学生管理科学的方法论，一方面要研究根本的思想方法；另一方面还要研究具体的管理方法，如思想政治教育管理、大学生社区管理、教学与学籍管理、实践管理、社团管理、校园文化管理（含网络管理）、奖惩制度管理、社会心理健康与咨询管理、就业管理、学生党员管理与党建管理、学生干部队伍管理、学生群体性突发事件的应急管理等方面的管理方法与手段。

---

① 顾明远，申果华.学校学生管理运作全书[M].北京：开明出版社，1995.

（三）组织学的研究

高校学生管理是一项系统工程。对高校学生管理的组织领导体制、学生管理队伍的建设、学生管理的现代化趋势等，都必须做更为深入、全面的探讨。

二、高校学生管理的思想

科学的管理对提高管理效率，优化教育质量具有十分重要的意义；科学的管理有赖于符合客观实际的、法制化的、人性化的管理规章制度，而这一切都离不开科学的管理思想和指导思想。

（一）管理思想

所谓管理思想，是指关于管理的观点、观念或理论体系，是管理理论和实践的结合在人们头脑中的反映。管理思想对管理工作起指导作用，它随着人类社会及其管理活动的产生、发展而产生和演变。古代朴素的管理思想兴盛于中国、古巴比伦和印度等。公元前 2000 年左右，古巴比伦《汉谟拉比法典》颁布的 282 条法典铭文，体现了远古法规管理思想。中国在公元前 1100 年左右，出现经权管理思想，后有历代的"人治""法治"及"知人善任"等管理思想。19 世纪后，随着机器大生产的兴起，欧洲出现古典科学管理思想以及法约尔的管理原则与过程理论等。从 20 世纪 20 年代开始，出现了人际关系——行为管理思想。20 世纪 60 年代后，出现了诸多管理学派，管理思想纷繁，这一时期被喻为进入了管理理论的"丛林时期"。

高校学生管理属教育管理的范畴，其管理思想理应与教育管理思想相似，是一个极为复杂的理论课题。它应该也必须规定出自己的理论前提，也就是要与某种思想理论联系起来，以确立自己的基本方向。从哲学的层面看，高校学生管理思想主要包括四个方面的内容：

1.运用相互联系的管理思想

高校学生管理是一种复杂的社会现象，从宏观上分析，高校与社会、家庭和时代是联系在一起的，大学生当然也不是孤立于社会、与世隔绝的，所以高校学生管理牵涉社会、家庭，影响着时代，同时也受时代及历史条件的限制。

从微观方面来看，高校学生管理诸要素之间是相互联系、相互制约的，如管理与学习的关系、管理与教育之间的关系、管理与服务之间的关系、管理过程与管理结果之间的关系等，都是相互影响、相互制约的。

2. 运用动态平衡的管理思想

管理是一个过程，这一过程是在不断发展变化的，既受大环境下政治、经济和文化变化的影响，又受高校本身物力、财力及办学思路变化的影响。一切都在变化中，管理工作也处在不断完善与发展之中。同时，作为管理对象的大学生的人格、思想、行为也在学生管理过程中得到逐步发展与完善。所以把动态平衡的管理思想运用于管理工作中，就必须要运用发展的观点，要有与时俱进的勇气，立足于现实，着眼于未来，不断地分析和研究新的情况，解决新的问题。

3. 运用对立统一的管理思想

在高校的学生管理活动中，客观存在着各种矛盾关系，需要运用对立统一的管理思想对这些问题和矛盾进行分析研究并最终予以解决。例如，管理者与管理对象之间的矛盾，教育、服务与管理之间的矛盾关系。

4. 运用实践探索的管理思想

实践是检验真理的唯一标准，同时，实践又是正确认识的主要来源。高校学生管理是一门实践性很强的学科，有很强的操作性要求。因此，我们在开展高校学生管理工作的时候，一定要有实践意识，要有探索创新的勇气，并将在实践过程中形成的好的经验提升到理论的高度，从而在整体上指导学生管理工作的新实践。如此往复，以至无穷，推动我们学生管理工作水平不断提升。

（二）指导思想

研究我国高校学生管理，主要应注意运用以下几个方面的理论观点和指导思想。

1. 运用高等教育和现代管理科学理论指导高校学生管理

现代治校观念要求我们靠现代科学来管理学校、管理学生。具体说来：要靠教育科学，要遵循教育的外部规律与内部规律办事。如高等教育的规模由一定的经济基础决定，反过来又作用于一定的经济基础。高校作为高等教育的主要载体和平台，其人才、资源、市场面临着越来越激烈的竞争，理念、体制、结构也面临新的变革和调整。高校要准确把握社会脉搏，直接面对市场办学。大学生管理也要研究新情况，解决新问题，面向21世纪培养高素质的复合型人才。靠运用现代管理科学的理论与方法进行管理，使学生管理队伍的组织机构严密，管理制度科学，人员分工合理，职责范围明确，奖惩分明，动作协调，工作高效等。运用现代管理科学指导学生管理主要是运用它的基本原理，包括系统整体性原理、要素有用性原理、动态相关性原理、人的能动性原理、规律效应性原理、时空变化性原理、信息传递性原理、控制反馈性原理等。我们应在管理实践中力争使管理组织系统化、管理决策科学化、管理方法规范化和管理手段现代化。

2. 运用马克思主义关于辩证唯物主义的理论

用对立统一观点指导高校学生管理，在管理中坚持整体观。马克思辩证唯物主义基本原理是一切社会科学和自然科学的理论基础，马克思主义的认识论和方法论，渗透于所有社会科学和自然科学之中。所以，也同样渗透于高校学生管理科学之中，要运用对立统一观点，坚持管理的整体观。在纵向上，坚持整体观就是坚持局部与整体的统一，从学生管理工作的整体系统看，组成这个有机整体的各部分又都是一个支系统，是局部。学生管理系统的整体功能是由各部分的组合形式决定的，虽然支系统都各有特定的功能，但它们都应服从于学生管理系统整体的目的和功能，各个支系统的要素都是为了整体目的而建立的。在横向上，坚持整体观就是处理好各支系统之间的分工与合作的一致性，把各部门都协调到为培养全面发展的人才这一共同的管理目标上来。

3. 坚持马克思主义关于人的全面发展的理论

培养有理想、有道德、有文化、有纪律的全面发展的高级专门人才，是我国社会主义大学的根本任务，做好研究工作首先要解决"为谁培养人"和"培养什么人"的问题。我国社会主义大学的性质决定了我们必须确保学校培养出来的毕业生，不仅要有扎实的科学文化知识和健康的体魄，而且必须具有高度的社会主义觉悟，要有理想、有道德、有文化、有纪律。要培养这样的新人，就必须按照马克思主义中人的全面发展的教育思想办教育。马克思主义教育思想的核心就是关于人的全面发展的学说，培养德、智、体、美、劳全面发展的建设者和接班人的教育方针，是对马克思主义这一理论精髓的具体运用。邓小平说过，各级各类学校都要培养有理想、有道德、有文化、有纪律的人才。这是对马克思主义关于人的全面发展学说的继承、丰富和发展，是党和国家的教育方针的具体化。我们要把培养全面发展的"四有"人才作为我们的根本任务和落脚点。

4. 继承和发扬高校学生管理的成功经验

高校学生管理工作的成功经验是当今学生管理工作的宝贵财富。首先，社会主义大学必须坚持中国共产党的领导，坚持社会主义方向，这是一条基本经验。坚持党的领导就是用党的路线、方针、政策作为社会主义大学管理的基本指导思想，就是要确保社会主义大学的社会主义方向，调动全校师生员工的积极性，为培养德、智、体、美、劳全面发展的高级专门人才而努力奋斗。坚持社会主义方向，是由我国大学的社会主义性质所决定的，一切管理工作都要根据党的路线、方针、政策去组织、实施。各项规章制度的制定都要有利于坚持"一个中心、两个基本点"，有利于调动广大师生员工的社会主义积极性，这是衡量管理功能与效益的基本点。其次，管理工作要规范化、制度化，即把符合社会主义方向的，又经过实践检验的比较成熟的民主管理和科学管理体制、程序、办法用制度形式固定下来，使工作形成规范，其中心点是责、权、利相结合，使制度的思想性和科学性统一。最后，坚持理论联系实际的原则，面向社会实践，将教育与生产劳动相结合。社会主义大学培养的人才，必须适应社会主义市场经济的需要，在思想上有高度的社会主义觉悟和共产主义献身精神，在业务上不仅要有理论知识，而且要有较强的分析问题和解决问题的能力，要有实干精神和较强的独立工作能力。

第二章　大学生管理的理念与原则

高校教育理念的发展与演变对于大学生管理的理念与原则产生了很大的影响。随着时代发展，高校的教育理念也在不断进步，大学生管理的理念与原则也需要紧跟时代的步伐。本章内容依次对大学管理的理念、大学生管理的原则以及大学管理理念的转变及对比进行研究与阐述。

第一节　大学生管理的理念

大学生管理的基本理念是对大学生管理规律的认识和对实践经验的高度概括，是大学生管理必须遵循的基本指导思想。教育部2016年12月16日修订的《普通高等学校学生管理规定》明确指出，学校要坚持社会主义办学方向，坚持马克思主义的指导地位，全面贯彻国家教育方针；要坚持以立德树人为根本，以理想信念教育为核心，培育和践行社会主义核心价值观，弘扬中华优秀传统文化和革命文化、社会主义先进文化，培养学生的社会责任感、创新精神和实践能力；要坚持依法治校，科学管理，健全和完善管理制度，规范管理行为，将管理与育人相结合，不断提高管理和服务水平。因此，大学生管理应该坚持人本管理、管理育人、科学管理、依法管理的基本理念。[①]

一、人本管理的理念

理性化和人性化一直是管理发展中的两条重要线索。泰罗及其科学管理理论是理性主义的典型代表，并长期属于管理思想的主流。20世纪二三十年代以来，随着"人际关系理论"以及"行为科学"的发展，人文主义逐渐占据管理思想的重要地位，人性和个人价值得到普遍认同。人本管理的思想要求在管理活动中，始终把人放在中心位置。在手段上，着眼于所有成员积极性的发挥和

---

① 王文婷. 高校学生事务管理理论与实践探究 [M]. 北京：中国纺织出版社，2018.

人力资源的优化配置；在目的上，追求人的全面发展以及由此带来的效益的最优化。

在大学生管理工作中，坚持人本管理理念就是要以学生为本，就是要树立现代学生观，尊重学生的主体地位，促进学生的个性化发展，实现对学生的多样化评价。在实际工作中尊重学生的主体性、差异性、丰富性、独特性，把学生当作有血有肉、有生命尊严、有思想感情的人；以学生成长成才为中心，真正尊重学生，理解学生，关心学生，引导学生。

首先，尊重学生主体需求，促进学生成长成才。要区分不同类型、不同层次学生的特点和需求，分层次、分阶段做深入细致的教育、管理和服务工作，建立起帮助学生成长，解决学生困难，方便学生办事，维护学生权益的大学生管理工作体系，让学生受到最好的教育。为此，大学生管理工作必须从学生的需求出发，把工作的需求与学生的成长成才需求紧密结合，把学生的当前需求与长远需求紧密结合，把学生个人的需求与群体的需求紧密结合，把表面的物质需求与深层次的精神需求紧密结合，努力培养德才兼备、品学兼优、知行合一的社会主义建设者和可靠接班人。其次，体现学生的主体参与，实现学生的自主发展。要充分发挥学生的主体作用，引导学生参与管理实践，使学生成为管理的主人。学生参与管理的主要平台有学生会、班委会、团支部、社团联合会等学生组织，可以通过学生干部定期换届等方式，努力让每个学生都有机会参与管理。在就业管理、安全管理、资助管理等工作中，也要充分调动学生的积极性，引导学生参与相关政策制定和实施，真正实现管理依靠学生。最后，实行民主管理。推行民主管理，尊重学生的主动性和首创性是人本理念的重要体现。为此，不仅要增强管理者和学生的民主管理意识，更要完善民主选举、决策和监督等民主管理运行机制，畅通民主管理渠道。

二、服务育人的理念

大学生管理说到底就是为大学生的全面发展和健康成长服务，而不仅仅是为了"管"学生，更不能把学生仅看作管理的对象。只有树立了管理就是服务、管理就是育人的理念，才能从根本上转变大学生管理的态度、思路、方法和作风。中共中央、国务院发出《关于进一步加强和改进大学生思想政治教育的意见》明确指出，高校加强和改进大学生思想政治教育是教书育人、管理育人、服务育人相统一的系统工程。要"坚持教育与管理相结合"，要"从严治教，加强管理"，要"建立健全与大学生成长成才相适应的管理制度体系"。要时刻注意把思想政治教育融入大学生管理，建立起自律与他律、激励与约束有机结合的长效机制。[①]

首先，要强化服务意识，着力解决学生最关心的实际问题。大学生管理涉及关乎学生切身利益的诸多方面，比如学业问题、就业问题、家庭经济困难问题和心理问题等。管理者要高度重视解决学生的这些实际问题，让学生感受到关怀与温暖，为其接受管理者的教育与引导奠定感情基础。在解决实际问题的过程中，注重和解决思想问题相结合，既办实事又讲道理，坚持管理与教育的结合，做到既关心人、帮助人，又教育人、引导人。其次，在实施管理时要注意学生的情感因素，注意制度的刚性和管理的弹性。学生管理是做"人"的工作的，人是有理性、有感情的，无论教育手段多么先进，也不能替代面对面的思想沟通，无论传媒手段多么发达，也不能替代人与人之间的感情交流。正是这种情感作用，才使管理产生融洽和理想的效果，才能调动学生的积极性和主动性。要考虑每个学生的具体情况，采用学生最容易理解和接受的方式来实现管理。这样才能让学生乐于接受制度规范要求，主动地内化为自己的行为准则，从而形成良好行为习惯和品质。最后，要营造良好的管理氛围。良好的管理氛围不仅要求管理者对学生要真诚、尊重、理解、关怀和信任，同时更要求管理者时刻注重自身形象，把形象育人作为管理育人的重要方式。要建立全员育人的机制，形成全员育人、全过程育人、全方位育人的格局，创造丰富多彩的校园文化。校园文化具有丰富的内涵，对学生有潜移默化的教育和引导作用。通过校园文化活动使学生的业余生活更加丰富，能力得到锻炼，才干得到发挥，素质得到提高。使学生在浓厚的校园文化氛围中，愉悦身心，拓宽视野，获得全面、和谐的发展。

三、科学管理的理念

科学管理是 20 世纪初在西方工业国家影响最大、推广最普遍的一种管理思想，其代表人物泰罗被称为"科学管理之父"。科学管理的实质在于将实践积累的管理经验标准化、系统化、科学化，用科学管理代替经验管理。科学管理的主体思想包括三方面，一是提高劳动生产率是科学管理的中心问题，是确定各种科学管理原理和方法的基础；二是在管理实践中建立各种明确的规定、条例、标准，使管理科学化、制度化是提高工作效能、达到最高工作效率的关键；三是科学管理不仅在于具体的制度和方法，更在于重大的精神变革。

---

① 顾明远. 学校学生管理运作全书 [M]. 北京：开明出版社，1995.

大学生管理工作中的科学管理，特征是规范化、制度化和模式化，其价值核心在于提高学生管理的效率，强调建立完备的组织机构、详细的工作计划、严格的规章制度、明晰的职责分工和采用物质激励以及纪律约束与强制。在这种管理方式下，大学生的学习模式、纪律制度、行为准则、运作程序都实现了规范化，信息传递、各项学习生活实现了程序化，最大限度地导引学生接受正确的价值取向，实现管理效能的最大化。为此，首先，要用科学完备的制度规范引导人，尊重不等于放纵，没有规矩不成方圆。养成良好的行为习惯是学生成才的重要维度。要大力加强大学生管理的制度文化建设，建立科学、人性化的大学生管理体制体系。其次，要构建平等和谐的师生关系，在师生互动中实现管理的和谐。管理者不应是高高在上的发号施令者，而应是积极的引导者和平等的协商者。管理者要以学生为友，平等地与学生交流，尊重学生的个性，真诚地为学生提供学业指导、生活帮扶和心理辅导。管理者尤其是辅导员老师，要在管理过程中，创造性地展示自己的才华，在与学生交往、交流中实现自己的理想与人生价值，真正做到互为主体、教学相长。最后，要建立一体化工作体制机制和运行模式。加强学生工作机构的建设，强化其组织协调功能，理顺学生管理系统各部门、各层次、各岗位的职责权限关系，使管理工作与教学工作、课堂内的管理与课堂外的管理、学院与机关、机关各职能部门以及各管理者之间坚持统一标准、统一的声音，形成合力，互相促进。

四、依法管理的理念

依法管理是依法治国方略在高校的具体体现。大学生管理中强调依法管理，是指大学生管理必须要以法律为依据，符合法律要求。也就是说，大学生管理过程中的决策、计划、组织和控制，都必须纳入法律轨道，不能违法违规。大学生管理坚持依法管理，是大学生管理自身的发展需求。一方面，管理对象发生了较大变化，大学生的维权意识显著增强。另一方面，管理工作面临诸多新情况新问题。比如国家助学贷款违约、学生就业签约违约、在校学生结婚、学生意外伤害或死亡处理、学生心理问题及隐私保护等。这些新情况、新问题对大学生的依法管理提出了迫切要求。

首先，要增强法律意识，加强法律知识学习。新中国成立以来，国家制定了《中华人民共和国教育法》《中华人民共和国高等教育法》《中华人民共和国教师法》等教育法律，国务院还颁布了《中华人民共和国学位条例》《普通高等学校学生管理规定》《教育行政处罚暂行实施办法》等两百多个法规、规章制度，基本形成了以《中华人民共和国教育法》为核心的教育法律法规体系。作为大学生管理者，不仅自身要认真学习这些法律条文，深刻理解，做到关键问题心中有数、疑难问题随时查询，同时还要注意引导学生积极学习各种常用的教育法律、法规和规章制度，了解自己的合法权利、义务，增强依法维权和依法履行义务的意识，养成良好的学法、守法习惯，为学生适应社会、推动国家法制建设夯实基础。其次，要以法律为准绳，依法制定适用于学校实际的内部具体规章制度。目前，大学生管理的一般性法律法规已经比较健全，但是不同类型、不同层次、不同地区的高校有着不同的学生管理具体措施，需要按照《普通高等学校学生管理规定》等法律法规，制定符合学校实际的内部具体规章制度。最后，要严格遵守法律法规。要把对学生的规范管理与对学生合法权益的有效维护结合起来，既严格要求，又要充分尊重，和平对待。尤其是在处理违规违纪学生时，一定要做到事实清楚，证据确凿，使用法律法规正确恰当，处理程序符合相关法律规定。做到不滥用职权，不越权，不以权谋私，公平公正。

第二节　大学生管理的原则

大学生管理的原则是在大学生管理过程中必须遵循的基本准则。恩格斯指出："原则不是研究的出发点，而是它的最终结果；这些原则不是被应用于自然界和人类历史，而是从它们中抽象出来的；不是自然界和人类去适应原则，而是原则只有在适合自然界和历史的情况下才是正确的"。因此，大学生管理原则的确定，主要依据大学生管理的内在规律、实践经验及党的路线、方针、政策。新形势下，大学生管理主要包括方向性、发展性、激励性、自主性等基本原则。

一、方向性原则

大学生管理坚持方向性原则，是涉及培养什么人、如何培养人的根本性问题。大学生管理是高校办学的重要方面，是学校育人环节的重要一环，社会主义大学的主要目标是培养合格的社会主义事业建设者和可靠接班人，大学生管理工作直接影响这一目标的实现。方向性原则是指确定大学生管理的目标，进行大学生管理活动，要与高校育人工作的总目标相一致，要与党和国家的教育方针、规范、政策和法律法规中规定的教育目标、管理目标等相一致。方向性原则是大学生管理中具有决定意义的基本原则。只有坚持这一原则，才能促进大学生管理沿着高等教育育人工作的总目标发展，才能保证大学生管理的正确方向，才能有利于培养全面发展的社会主义事业建设者和接班人。坚持方向性原则，是由大学生管理的社会属性决定的，也是对我国大学生管理历史经验的总结。

大学生管理中坚持方向性原则，关键需要做到三点。第一，增强管理者的政治意识。大学生管理是具有鲜明的政治方向、价值导向的。不同于社会上管理的目的、理念、任务、方式、方法等，大学生管理是有着显著差异的。然而，在我们的管理理论和实践中，往往存在着忽视管理的政治功能和价值导向的现象，一些人甚至不认为大学生管理有何方向性可言。因此，体现大学生管理的方向性，首要的问题就是增强管理者本人的政治意识，促进管理者有意识地在管理过程中思考管理的政治方向和价值导向。管理者要把方向性要求贯穿到大学生管理全过程和具体的活动中。引导广大学生积极投身社会主义现代化建设，在为祖国、为人民的不懈奋斗中实现自己的人生价值。第二，以制度的合法性体现管理的政治导向性。坚持方向性原则，就必须自觉接受党的领导，其核心是坚决贯彻党的方针、路线、政策。学校的各项制度就是贯彻党的方针、路线、政策的主要载体，是一定社会政治方向、价值导向等的具体体现。因此，学校层面制定的各类大学生管理相关制度，一定要与国家的法律、法规相一致。通过合法制度来保障大学生管理的方向性，要注重把方向性原则融入制度建设和执行的全过程，使学生坚定社会主义的理想信念，在实践中成长成才。第三，按时代需求及时调整管理目标。坚持方向性原则不仅体现在政治方向上，还体现在管理能否为党和国家的中心任务服务上。不同时期，党和国家的任务是不同的，对人才的需求也是不同的。这就要求大学生管理要紧扣时代主题，不断调整管理目标，创新管理模式。目前，发展是时代主题，经济建设是党和国家的中心任务，要根据这一中心任务制定具体的大学生管理目标。

二、发展性原则

大学生管理坚持发展性原则，包括两个方面：一是管理工作本身要不断发展，二是通过管理促进学生的全面发展。从管理工作本身来看，随着我国社会政治、经济、文化的不断发展，社会生活发生了复杂而深刻的变化，大学生管理工作的形势、环境、对象、任务也发生了深刻的变化，这就要求管理的体制、机制不断变化，管理方式、目标、途径及时调整，以确保大学生管理工作的实效性。

在通过管理促进学生全面发展方面，关键是做到三点。第一，要树立发展意识。思想是行动的先导，有什么样的发展理念，就会有与之相应的管理方式和结果。传统的大学生管理重管理，把管住学生作为学生管理的出发点，个别管理者往往以强硬的制度规范约束学生的行为，以训诫、命令代替沟通。这些方式往往会伤害学生的自尊心，挫伤学生的自主性，有悖于学生的全面发展。大学生管理坚持发展性原则就必须转变传统的观念，要有意识地把学生全面发展作为管理活动开展的前提。在大学生管理中，牢固树立起促进学生全面发展的责任感和紧迫感，打破思维定式，以新的发展理念指导管理决策，设计管理计划，谋划学生的全面发展。第二，要不断推动管理创新。通过管理促进学生全面发展，需要同时注重管理本身的发展，而管理的发展实际上是创新。服务于学生全面发展的管理创新就是在遵循大学生管理规律基础上，与时俱进，坚持继承与创新相结合，创造性地开展工作，促进学生全面成长和成才。目前，大学生管理的机制、途径、方法与载体都是在过去的环境条件下，针对过去的情况产生的。但是随着社会经济的迅速发展，大学生管理工作面临着新环境、新问题，大学生在思想上出现了迷惑和困扰，在观念上呈现出多元化特点。如果固守原有的管理方法必然不能较好地适应今天的需要，解决不了今天的问题。为此，创新大学生管理工作成为时代和社会赋予的重任。第三，要统筹各方面的资源，形成促进学生发展的合力。一直以来，我们在高校管理的实践工作中都强调高校学生管理包括管理学生和服务学生两大方面，但在具体操作上，管理却总是多于服务。实践证明，把职业生涯规划、生活帮扶、大学生就业指导、心理辅导等贯穿于管理工作始终更易于发挥学生的主观能动性、激发学生的创造性，从而促进学生的发展。要理顺学校各管理部门关系，通过部门间的相互协调、相互联系，将组织内部各个要素结合成一个有机整体，使人、财、物、信息、资源等得到最佳配置，形成促进学生发展的合力。

三、激励性原则

激励性原则，是指大学生管理中利用一定的物质手段或精神手段，引导学生思想行为的变化，调动学生的积极性、创造性，使学生的潜能得到最大限度发挥，从而实现管理目标的基本准则。在大学生管理中，恰当运用激励性原则，将使管理活动更易于被学生接受，更好地实现管理目标。

激励的效果取决于在激励过程中采取的手段、方式能否针对大学生的发展实际、能否满足大学生的需要、能否在大学生内心形成自我激励的内在动力等。因此，在大学生管理中贯彻激励性原则，需要做到以下三个方面。第一，运用正向激励手段。高校在学生管理过程中，科学、合理地运用激励机制，有助于调动大学生的能动性和创造性，改变大学生的观念、行为。正向的激励主要有两种：一种是物质上的，主要指金钱或是实物，物质利益的需求和满足是人生存和发展的一个必备条件。对学生进行一定的物质激励，有助于调动学生积极性、主动性；另一种是精神上的，主要指通过各种形式的表扬，给予一定的荣誉。正向的激励有助于学生将外部的推动力量转化为自我奋斗的动力，充分发挥自身潜能，从而有效地激励学生成长成才。在大学生管理中，要协调好物质激励和精神激励的关系，依据学生的实际采取相应的激励手段，确保管理效果。第二，在管理中树立典型，通过榜样进行激励，使人有目标、有方向。因此，要善于树立榜样、培养榜样、宣传榜样，并鼓励学生学习榜样、争做榜样、成为榜样。第三，采取情感激发的方式。"情感，是人格发展的诱因，是青年追求美好生活的动力。"要确保管理目标的实现，一般都要有感情的催化。当管理者与学生平等对待、敞开心扉、相处愉快时，管理活动就比较容易开展；当双方针锋相对、互不理解时，学生往往产生抵触情绪，管理效果就会大打折扣。因此要求管理者不仅要以制度约束人，而且要以真情感染人，注重沟通，消除疑虑，用欣赏的眼光去看待学生，使每一个学生的需求得到尊重、困惑得到解决、特长得到发挥。

四、自主性原则

自主性原则是指高校在进行大学生管理时，使大学生参与到管理过程中来，充分调动大学生的积极性和创造性，进行民主管理，实现自我管理和自我服务。大学生管理遵循自主性原则，是由两方面决定的。一方面有利于育人目标的实现。管理的目标是育人，这就要求将外在的行为规范转化为内在的思想观念，从而支配管理对象的行为。如果不调动学生的主观能动性，学生就难以接受管理，管理的实效性就难以发挥。另一方面有利于满足学生自主管理的现实需求。随着我国社会主义市场经济体制的不断完善，高等教育逐步走到经济社会发展的前台，市场经济的自主、平等、竞争、法治精神对高校师生的影响不断深化，大学生自主意识不断增强。大学生渴望在各项事务管理中充当主角，自己管理自己，充分发挥主观能动性，实现自我管理、自我服务。

大学生管理中坚持自主性原则要做到以下三点。第一，唤醒学生的自主管理意识。在大学生管理过程中，要营造轻松、愉快的氛围，使学生的自主需求得到尊重；同时，要使学生体会到自主管理的成就感，享受自主管理收获的成果。

第二，打造学生自主管理的平台。辅导员要抓好班委会、团支部、学生会等学生组织为载体的自主管理平台，增强凝聚力、吸引力，建立定期流动机制和激励机制，充分保证学生广泛地参与到自主管理中来。作为辅导员，要敢于充分"放权"，敢于把大学生管理工作交给学生，实现学生的自我管理、自我服务。

第三，加强对学生自主管理的指导。自主管理不等于放任自流，必须加强自主管理的指导，才能保证管理的方向和实效。怎样才能保证管理的方向和实效呢？有四方面的内涵，即明确方向，定准目标，告诉学生工作要达到的程度和要取得的效果；定好标准，明确思路，告诉学生怎样开展工作；做好监督，对学生任务执行情况进行跟踪观察，时刻关注工作进展情况；及时反馈，帮助学生及时调整方向，确保学生工作在正确的轨道上进行。

第三节　大学生管理理念的转变及对比

对于高等教育理念的发展演变历程，世界各国皆有自己的轨迹，区别只是在于这种战略以何种形式出现，并以何种方式起作用。依据中国的国情，规划特征十分明显的高等教育发展战略，作为社会发展战略的一个重要而又相对独立的组成部分长期存在着，并极大地制约着高等教育发展的进程。

一、1949—1991 年：高等教育的有限发展阶段

众所周知，中国改革开放以前的高等教育发展战略，其理念深受计划经济体制的影响，表现在高等教育发展目标上，就是强调依据专门人才需求量来规划发展指标；表现在发展原则上，即严格按照国家计划分配的资源比例实现投入与产出；而表现在发展机制上，则不断强化围绕计划指标的行政管理效率。这种计划性，往往又受到政治性和随意性因素的影响。因而，高等教育发展的独立性比较差，早期国家计划中只有一个招生指标项目的情况就是证明。改革开放以后的很长一段时期，虽然由于价值观念改变，但指导思想并没有从根本上得到改变。

在这个阶段，高等教育也经历了几次规模数量上的较大变动，譬如，20 世纪 50 年代末、60 年代初的"教育革命"，70 年代末、80 年代初的"恢复增长"等，但这种"反弹性"发展，并未引起思想转变，而是在与原有发展理念相矛盾的情况下，"过快的发展速度"被行政监管手段降了下来，"有限发展"原则得以维护。我国 1985 年出台了《中共中央关于教育体制改革的决定》，冲击了传统的办学体制，推动了中心城市办大学即所谓"新大学运动"，还促成

了民办（私立）高等教育的兴起，至 1991 年，中心城市所办大学已占到全国高校总数的 30%，而民办高校则发展到了四百多所。它们构成了一种高等教育发展的显著趋势。当时，业已形成"有计划的商品经济"理论，允许计划经济与市场调节相结合。在此背景下，广东省提出本省高等教育相对全国平均水平要超前发展的理念，理由之一是，地方（非国有制）经济发展对人才的特殊需求；理由之二是，地方上的百姓有强烈的受高等教育的愿望，并且能够支付有关费用。于是，这股新兴发展潮流与旧有目标、原则、机制之间发生了冲突。1988 年，广东省进行了招收自费生和委培生的试点工作。最初的政策是，按国家招生计划的 3% 招收上述两种生源，1990 年准备把这一比例增加到 30%，但直到 1992 年才落实。不难理解，由于扩张对高等教育内部运行的影响，对 1985 年后中国高等教育发展趋势的接受，必然导致对发展目标、发展原则、发展机制做出相应的调整，从而进入一个新的发展战略起主导作用的阶段。

二、1992—1998 年：高等教育的稳步发展阶段

1992 年后，高等教育的"内涵式发展"思路被提出，它所包含的理念，实际就是既设法在一定程度上满足地方发展和个人发展的要求，又对这种要求所推动的发展实施主动调控。这一理念，体现在高等教育发展战略中，既要求新的发展目标应兼顾国家、地方、个人需要，对扩大高等教育机会持一种相对积极的态度；又要求新的发展原则的基调应是协调稳定与发展之间的关系，该原则外化为若干具体的发展约束，主要是控制高校数量，优化高校结构，提倡规模效益，保证教学质量，还有对社会力量办学加以规范等。因而，要求发展机制做出一定转变：中央向地方适当放权，利用市场作为计划的补充。种种变化表明，中国高等教育发展战略的指导思想已经从"限制发展"转变为"稳步发展"。

在邓小平"南方谈话"精神的影响下，1992 年、1993 年中国高等教育规模扩展较快，普通高校分别比上一年增招 21.7% 和 22.5%，但 1994 年的招生数却因为顾虑经费、就业方面的问题反而减少了 2.6%，在 1995—1998 年间规模则处于缓慢增长的态势。此外，世界银行 1993—1994 年曾派团队对中国高等教育进行考察和调研。当时，国家教委和考察团，在诸如高校与政府之间的关系、高校管理体制的转变、高等教育经费和提高教学质量等方面达成了一些共识，都认为中国的高等教育需要以质量为中心进一步深化改革。但是在 1998 年前后，中国政府的观念发生了变化，这主要是因为国内经济运行背景发生了重大变化，以及有利于规模扩大的多样化高教结构初步形成的缘故，但同时也不可忽视外

来因素的影响，如经济全球化竞争、知识经济萌生、政治民主化、国际间比较等。后期发生的思想转变，直接推动了高等教育向着大众化目标快速扩张。

三、1999 年至今：积极发展阶段

1999 年开始中国高校大规模扩招，表明以新的发展理念作为指导的高等教育战略已演变成型。尽管，由于扩招幅度过大（普通高校比上一年增招47.4%），导致高教界准备不足而有一段时间处于被动应付局面。但是，我们看到，相比前一次转变，作为演变重要契机之一的规模扩展趋势，没有遇到来自政府方面的重重阻力，而恰恰是后者直接予以推动的，此变化具有特殊意义。但这并不奇怪，中国高等教育朝着大众化目标迅速迈进，显然跟历史上许多国家步入大众化阶段的过程颇为相似，即建立在一定物质基础和相应价值观之上的必然性发展，往往是通过"偶然性"的发展政策实现的，当时的政治经济需要起关键作用。

转变后的发展战略，在发展目标上，突出表现为设法主动地、大量地增加高等教育机会；在发展原则上，表现为通过主动设计合理的高等教育结构实现可接受的规模增长；而在发展机制上的表现则是，中央与省两级管理、以省为主的体制基本确立，进而实践将权力下放到省以下，同时开始重视利用市场、引导市场。

美国高等教育问题研究专家马丁·特罗教授通过对欧美国家高等教育规模发展的研究，注意到了高等教育的规模与系统的性质变化之间的关系。他认为："一些国家的精英高等教育，在其规模扩大到能为 15% 左右的适龄青年提供学习机会之前，它的性质基本上不会改变。当达到 15% 时，高等教育系统的性质开始改变并转向大众型；如果这个过渡成功，大众高等教育可在不改变其性质的前提下，发展规模直至其容量达到适龄人口的 50%。当超过 50% 时，即高等教育开始快速迈向普及教育时，它必然再创新的高等教育模式。"特罗教授以高等教育毛入学率为指标，将高等教育发展历史分为"精英、大众和普及"三个阶段的观点已被普遍接受，具体而言是高等教育毛入学率 15% 以下为精英教育阶段，超过 15% 为大众化教育阶段，达到或超过 50% 为普及化教育阶段。进入 21 世纪，随着中国经济的发展以及高校数量的快速增长，中国高等教育进入跨越式发展阶段。2002 年，我国高等教育毛入学率已达到15%，这标志着我国高等教育从此进入了大众化阶段。2006 年 2 月 13 日，陈至立在古巴第五届国际教育大会上宣布："中国已成为教育大国，在校大学生

数世界第一，在校大学生总数 2100 万，毛入学率 21%。"2004 年，上海的高等教育毛入学率为 55%，位居第一；第二位是北京，为 53%。按照特罗教授的说法，上海和北京成为在全国率先进入高等教育普及化阶段的城市。中国青少年研究中心 2007 年 1 月 10 日发布的《"十五"期间中国青年发展状况与"十一五"期间中国青年发展趋势研究报告》认为，"十五"期间，中国高等教育发生了一次质的飞跃，由"精英化"向"大众化"转变。如今高等院校的数量、招生人数、在校生人数、毕业生人数以及学校的规模都有了爆炸式的增长。

第三章　大学生安全管理

本章从五个方面对大学生安全管理进行了详细的研究阐述，分别是大学生安全管理概述、大学生人身健康安全管理、大学生心理健康安全管理、大学生网络安全管理以及大学生社交安全管理。

第一节　大学生安全管理概述

一、大学生安全管理的必要性

安全就是人和物受到保障、免受威胁的状态。安全是人类生存和发展的基础，也是社会存在、发展的前提条件。随着社会的发展，其内涵越来越丰富，而人们遇到的安全挑战也越来越多，大学生安全关系千家万户的幸福，因此社会关注度极高。大学生安全管理是大学生学习、生活的基本保障，也是大学生成长成才的先决条件。构建平安校园的基础是进行大学生安全管理，这也是建设和谐校园的前提，是保证我国高等教育顺利进行和有序发展的必要措施，更进一步讲，也是保证我国国家安全和社会稳定的基石。

（一）安全的含义

安全始终是一个既敏感又沉重的话题，然而大学校园的安全管理工作随着社会经济的快速发展和高校改革的日益深化又面临许多新的考验。安全，即人和物受到保护，没有危险，不受惊吓、损失和伤害，不出事故的状态。

安全管理，是指根据国家有关法规，运用科学管理的理论和方法，协调各种力量，预防各类事故、案件的发生和避免人员非正常伤亡的活动。加强大学生安全管理，能使管理工作者完善事故预防措施，及时排除安全隐患，为大学教育营造平安环境。

大学生安全管理，是指高等学校为了维护学校的正常秩序，维护大学生的人身、财产安全和身心健康，提高大学生的安全防范意识与自我保护技能，从学校实际情况出发，依照国家有关法律、法规的规定，制定各种安全教育与管理的规章制度，并对大学生进行国家法律法规、学校安全规章和纪律、安全知识与防范技能教育与管理的活动。

改革开放四十多年来，物流、资金流、信息流的速度不断加快，这也促使我国的社会经济得到了极大的发展。人们在享受社会发展福利的同时，也面临着前所未有的人身安全威胁。大学校园是为社会培养人才的重要场所，营造平安和谐的校园环境，不仅对学校，对整个社会来说都具有深刻的意义。因此，如何做好大学生安全管理工作是一项重大而艰巨的任务。发展是硬道理，但安全才是发展的前提和保障。

（二）大学生目前所处的安全环境

大学生大多时间都在校园，因此大学生校园安全现状首先是校园安全，谈到校园安全，有必要明确校园安全的内涵。相关学者对"校园安全"的内涵及外延提出了不同的观点，且至今也没有明确的定论。但是，也不难看出这些学者的相同之处。从狭义上讲，校园安全是指校园内个体或群体的生命、健康、财产的安全，也有公共安全的含义，在校园范围内的自然延伸，包括不被侵害和保全的形态。从广义上说，其内容还包括个人和群体所拥有的合法权益以及公共秩序。总的来说，在校大学生及教职工是校园安全的主体，在校大学生和教职工的身心、财产安全，公共或集体财务安全，及大学生、教职工、学校集体所有的著作、发明等知识产权、隐私权、荣誉权等合法权益是校园安全的客体。[①] 就现状而言，校园安全存在以下几种威胁：

1. 恶性案件不同程度的存在

全国一千多所大学中，每年因盗窃作案触犯刑律而被开除学籍、拘留、判刑的人超过一千。据有关专家调查，我国在校大学生中或多或少都存在着不同程度的心理不健康问题，而这些不健康问题一旦得不到很好的解决，就容易导致难以挽回的后果。还有些学生为达目的不择手段，面对他人的劝解甚至暴力相向。例如，某大学周某，爱上同级女同学，苦苦追求，屡遭拒绝，由爱生恨，于是身藏菜刀闯入该女生宿舍，杀死该女生并砍伤其他相劝的同学。再有，高校人群聚集，往往成为少数极端分子报复社会的目标，他们利用高校学生相对比较单纯、善良的特点，达到自己不可告人的目的。

---

① 王汉民，孟晓乐. 大学生安全教育 [M]. 北京：中国农业出版社，2006.

2. 校园消防安全形势严峻

学生宿舍中存在许多安全隐患，不少学生使用违规电器，如热得快、电饭煲、电磁炉、电热毯等，很多学生离开宿舍时，插线板不断电，安全隐患比较明显。

3. 网络安全问题突出

随着互联网时代的深入发展，网络已经成为当前大学生获取信息、沟通交流和休闲娱乐的重要平台。然而，伴随着这些便利而来的是以网络诈骗为主要形式的网络安全问题。网络诈骗是指犯罪分子以非法占有为目的，通过电话、网络和短信等途径，并采用虚构事实或隐瞒真相的手段，对受害人实施远程、非接触式诈骗，从而给受害人造成财产甚至人身安全损失的行为。当前，大学生成为很多网络诈骗的主要对象，导致大学生尤其是大学新生屡遭不法分子侵害，这一现象引起全国人民的关注。

4. 心理问题导致的安全事件频发

当代大学生普遍属于"00后"，他们从小就在新时代的环境下长大，受到新时代大环境的影响，价值观念明显向多元化的趋势发展。由于学习和就业压力、情感挫折、人际关系困惑以及不适应周边生活环境等因素，一些大学生产生一系列心理问题，甚至患上焦虑症、强迫症、抑郁症等心理疾病。

5. 其他安全问题

大学生有丰富的课外活动，如学校的社团活动、实验和实习等教学活动，以及志愿服务等实践活动，会涉及交通、天气等方面的安全问题。此外，大学生酗酒滋事事件也时常发生。同时，许多传销诈骗活动给学生和其家庭造成了极大的痛苦和精神压力。

（三）加强安全管理的意义

在马斯洛需求层次理论中，安全是人的第二层次需求，这也表明安全对大学生的生存和发展具有很重要的意义。安全和谐的校园环境，是高校顺畅运行、培养合格人才的重要保障。大学生是高校安全管理最主要的对象，因此，搞好学生群体的安全管理是校园工作的重中之重。

1. 加强大学生安全管理是风险社会的必然要求

当前国内、国际安全状况都不容乐观。随着现代社会的发展和全球化进程的加快，高风险的时代已经来临。正如贝克和吉登斯所言，人类社会正"坐在现代文明的火山口上"，人类正把自己抛入"一个失控的世界"。当前社会正处于由传统向现代转变的转型期，社会利益关系、阶层结构、生存模式等正发生着深刻的变化，社会生活错综复杂，一个自由多元的现代社会正逐步形成。由于新的社会结构还未发展完善，各种利益群体之间常常存在对立或冲突，社会矛盾尖锐，各种社会矛盾之间往往相互交织、强化，易产生连锁反应，而且矛盾表现形式也趋于显性化、激烈化，甚至一些极端方式也被用于解决问题。这样的时代背景使高校对学生进行安全管理和校园安全建设迫在眉睫。广大领导干部和一线教育工作者必须对目前的紧迫形势有深刻清晰的认识，要重视并加强安全教育，同时，加强大学生安全管理也是建设法治社会的需要，符合依法治国的要求。在这个大变革大转型时期，各种利益矛盾凸显，法治社会的建设显得更加迫切，教育部 2017 年 7 月 10 日发布的《2016 年全国教育事业发展统计公报》显示，2016 年全国各类高等教育在学总规模已达到 3699 万人，大学生作为即将进入社会的群体，接受相应的安全教育，了解更多的安全知识，树立良好的安全意识，有助于他们更好地走向社会。

2. 高校校园特点决定需要加强大学生安全管理

现在大部分大学校园都是一个相对自由的环境，很多校外人员及各种车辆都可随意进出校园，这就导致大学存在很多安全隐患。再加上近年来很多高校的扩建行为，很多新建的校区大多都处于偏远郊区，周边人员鱼龙混杂，治安形势严峻，这些都使大学生安全受到威胁。郊区的公共交通系统不够完善，大学生出行可能不得不选择网上叫车，但这一类出行方式又经常存在安全隐患。还有许多大学生会寻求校外兼职，参与社会事件等，但由于社会经验不足，很容易相信陌生人，从而受到财产甚至人身安全损害。寒暑假期间，一部分学生选择留校参加实习或复习考研等，但这一时期学校的安全管理工作可能没有平时仔细，也很容易导致安全问题。大学生虽然基本上都已步入成年，生理上已经成熟，但心理方面却可能还存在冲动、盲目自信等问题，这使他们在生活中遇到问题时无法保持清醒和理智，从而受到伤害。大学生有着很强的政治热情和社会参与热情，但因为思想单纯，很容易因为冲动而受到不法分子的蛊惑，从而影响正确价值观的形成，产生危害社会安定的行为。特别是在互联网时代下，一些不法分子通过网络宣传他们的理念和价值观，这极有可能在无形之中影响大学生的身心健康。

3. 重视安全管理是大学生安全和高校稳定的重要保障

马斯洛需求层次理论指出安全是人类除生理需求以外的最基本需要，是实现其他需要的基础和保证。安全教育强调的是对人的关怀，从生理和心理两方面保证大学生健康成长。大学的使命是培养综合素质优秀的人才，这不仅仅是要求学生有良好的成绩、端正的思想态度，还要求他们能够有较强的安全意识和自我保护的技能，这是大学生服务和回报社会的前提，也是能让大学生受益终身的素质。《普通高等学校学生安全教育及管理暂行规定》明确指出高校要定期对学生进行安全教育，这是高校的重要任务之一。学生安全问题不仅对学生本身，更对学校、家庭、社会造成巨大危害。中央以及各级地方政府针对频繁发生的校园安全事故也多次指出，要给予高度重视，防止类似事件发生。大学生安全管理是营造稳定育人环境的需要，各高校肩负着科教兴国、为社会培养优秀人才的伟大使命，而这一使命实现的前提是要有一个平安、和谐的校园环境。为营造一个这样的环境，需要学生和教职工以及学校管理人员的共同努力。一方面，学校应当积极开办安全教育活动，如安全讲座、校园互联网环境维护等加强校园环境综合治理，切实保证校园环境稳定和谐。另一方面，加大安全教育宣传力度，有利于充分鼓励学生主动投身平安校园建设，发挥学生自我安全管理的潜力。

大学生安全管理也是进一步实现安全保卫部门管理育人职能的需要。大学生思想政治教育全方位、立体化的时代已经到来，与此同时当前高校面临思想政治专职教育人员严重不足的问题，2017年教育部修订出台了《普通高等学校辅导员队伍建设规定》，该规定指出，高等学校应当按总体上师生比不低于1：200的比例设置专职辅导员岗位，按照专兼结合、以专为主的原则，足额配备到位。[①]即便如此，不少高校的专职人员配备仍不达标。为了更好地解决这一矛盾，可以进一步发挥安全保卫部门人员的作用，学校安全保卫、后勤保障等管理部门除了做好日常管理工作以外，也要注重发挥管理育人的职能。对于安全保卫部门来说，不仅要做好事后的监控和处置，更应当充分意识到事前预防的重要性，积极从源头上教育引导学生，做好安全教育和宣传，以此更好地创造安全、稳定、和谐的校园环境。

二、大学生安全管理的原则和内容

（一）大学生安全管理的原则

1.教育性和管理性原则

大学生安全管理规定着人的发展方向，是一种有目的的活动。因此，大学生安全管理必须体现教育性，以教育为主。然而，教育和管理是相辅相成的，

---

① 李放金，汪瑞军，胡志国.大学生入学教育 [M].天津：天津大学出版社，2011.

教育只有通过管理才能落到实处，而管理只有通过教育才能深入持久。对大学生开展安全管理活动，首先要做的是讲道理，传授学生安全知识，让学生形成安全意识。但如何把这些知识和道理真正内化为学生的自觉意识和自觉行为，还必须创造良好的环境和氛围以及必要的制度保障，这就需要严格的管理。只有教育与管理相结合，才能收到实效。

2. 全程性和全员性原则

一方面，大学生安全管理是一个长期的活动，它贯穿于人才培养的全过程，不是一蹴而就的，因此，对大学生的安全管理教育要分层次、分阶段进行。从新生入校开始，就要对学生进行自我安全管理的测评和区分，根据不同年级、不同时期学生的特点，既要开展普适性教育，同时也要抓住重点，有区别地开展倾向性教育，保证安全教育管理活动有计划、有组织地进行。另一方面，教书育人、管理育人、服务育人需要学校各部门的通力合作，学校安全管理部门要做好宣传工作，开办安全教育活动，让学生们在实践中树立安全意识，增强自我保护能力；授课老师们在关注学生学业的同时，也要时刻提醒学生们注意自我安全；学生也要积极主动地参与学校提供的安全教育和管理活动。多管齐下，全员参与，把维护校园安全稳定渗入学习生活的方方面面。

3. 预防性和经常性原则

安全管理要从源头抓起，才能更加有效地避免和减少安全事故的发生，这也就体现出安全管理的预防性原则的重要性。安全管理要从事故发生的原因着手，通过信息搜集和校园调查，提前了解和分析校园内部的不安全因素，从而更好地预防安全事故的发生。

所有关乎安全的事情都要尽可能做到未雨绸缪，而不是在事情发生后再去解决。除此之外，大学生安全管理工作还是一个长期性的活动，不可能一劳永逸，而且管理是一个不断反复的过程。"生于忧患，死于安乐。"这句话用在这里虽有些夸张，但也绝对不是没有道理，安全问题不会每天发生，这可能会使学生们在安全的环境下产生麻痹思想，渐渐忽略安全问题，这也正是发生安全事故的一个原因。因此，安全教育和管理，要时时刻刻牢记于心，这就需要把安全教育事业天天抓、周周抓，持之以恒，永葆戒心。这样学校安全管理才可以顺利进行，不会陷入被动状态。

4. 系统性和规范性原则

大学生安全管理是一个系统化、规范化的过程。首先，要制订安全管理计划。普适性的安全管理无法真正有效地减少安全事故的发生。在开展校园安全管理活动时既要考虑大学生需要接受安全教育，掌握相应的知识，同时也要考虑在不同时期、不同年级开展有针对性的安全管理内容。安全管理的教育内容也要从不同角度、不同方面着手，制定教学大纲。除了安排正常时段的课堂安全教育，还应当开展一些课后实践活动使学生们能够把课堂上学到的安全知识运用于实践，切实增强大学生自我安全管理的能力。从而使安全教育管理活动系统地、有序地进行。学校还要根据国家相关法律规定，结合学校实际情况，制定各项安全管理工作制度，健全安全管理工作机构。通过强化安全管理理念，加强专业化安全管理队伍建设，减少安全管理活动的随意性，使校园安全管理逐步走向规范化、系统化。

5. 多样性和现代性原则

大学生安全管理要建立"以课堂教育为主渠道，以各种宣传阵地为载体，以丰富的活动为重要支撑"的现代化管理方法体系。课堂教育注重系统讲授，具有科学性、思想性和系统性等特点，这可以帮助学生建立完整的安全知识系统。宣传活动有助于在全校范围内形成注重安全管理的氛围，可以使全校师生都参与到安全校园的建设中来。开展各种各样的安全实践活动，可以使学生们在实践中提升安全管理能力。除此之外，在这个互联网发达的时代，利用网络媒体技术，开辟大学生安全管理网站，以更先进的方式深化安全管理的效果。

（二）大学生安全管理的内容

1. 政治安全管理

政治安全关系国家存亡，没有政治安全，就没有和平稳定的社会发展环境。大学生即将正式踏入社会成为社会的一分子，法律安全意识和社会主义核心价值观的建立对大学生来说都显得尤为重要。一是要注重《国家安全法》等法律法规的宣传教育，在校园内形成遵纪守法、懂法用法的良好氛围。二是要抓好爱国主义教育，强化大学生的社会责任感和安全责任意识，增强其对党和国家的向心力和凝聚力。社会主义核心价值观是社会主义核心价值体系的核心和关键，集中体现了社会主义核心价值体系的丰富内涵和实践要求，是社会主义核心价值体系的高度凝练和集中表达。

2. 人身财产安全管理

大学生学习生活的首要资本是身体健康、人身自由。广大学生、学校、家长、社会都应高度重视学生的人身安全，无论是外力还是自己都无权在任何情况下侵害学生的生命。学校要在新生入学时就对学生进行一次较为全面的安全教育，将学生可能遇到的安全问题及预防措施全面细致地告诉学生。提醒学生在日常生活、与人交往、处理情绪的过程中严守人身安全底线。饮食、运动还有自然灾害等可能直接威胁学生人身安全的防护也属于人身安全管理的范围。

财产安全是指财物所有者的钱财、物资不被他人非法取得、占有、使用等。随着人民生活水平的提高，时尚化、高档化甚至奢侈化的物品越来越成为大学生财物的主体，这也使大学生越来越成为盗窃分子的盗取对象。近年来校园盗窃案件无论是宿舍室内盗窃还是大学生外出被盗都屡见不鲜，财物安全也已成为各方关注的焦点，财物安全教育也是高校日常安全管理的重要内容。

3. 心理健康安全管理

心理安全主要是指大学生要拥有健康积极的心理状态，保持内心的平稳、踏实、舒畅，避免产生焦虑、纠结、恐惧等不良情绪。大学生处于从高中的全日制学习到大学自由支配时间的特殊时期，还有很多大学生远离家乡，种种原因导致大学生内心茫然、复杂、善变，心理问题很容易成为大学生校园生活的主要问题，从而影响大学生的生活和学习，给学生、家庭造成极大的压力，也给学校和社会造成困扰。因此遵循心理发展规律，开展心理安全管理需要着重关注且常抓不懈。

近几年来发生在大学生中的自杀、打架斗殴、偷盗等行为，大多是由心理问题引起的。因此，学校要特别重视大学生的心理安全管理，培养大学生健康的心态。一方面要将心理健康教育引入正常教学活动当中，结合普遍教育和个别疏导的方法，有针对性地对学生进行人际关系和谐教育、健全人格教育和环境适应教育等，让学生了解基础的调节心理情绪的方法，更好地处理学习生活中的困难。另一方面要把安全管理和心理咨询紧密结合起来，有些安全问题与大学生的心理状况有很大关联，开设心理咨询热线、心理咨询门诊等对于校园安全管理有极大的帮助，可以在很大程度上减少因心理状况而造成的安全问题。对心理健康的管理不仅可以在安全事故发生后对学生进行心理疏导，更有利于在事情发生前进行有效的管理和控制。

4. 网络安全管理

网络安全包括学生利用网络索取信息和使用信息的安全，是互联网时代下新出现的一种安全隐患。大学生的学习生活越来越离不开网络，但网络在带给大学生便利的同时也带来了很多安全隐患，并且已经发展成为一个不得不引起重视的社会问题。网络信息具有极高的隐蔽性、虚拟性和易变性，有时对思想开放的大学生极具诱惑性，使大学生很容易在使用网络的过程中受到不良信息的诱惑；在这种虚拟的环境里，很容易让学生们忽略现实生活中的法律法规，有意无意地出现伤害他人的言行。当前的学校信息安全管理应抓好以下几方面的工作：一是要净化网络环境，引导大学生树立良好的网络风气，远离网络暴力等不文明、不道德行为，进行健康的网络生活。二是要加强网络宣传活动，学校可以利用网络这一便利快捷的工具，提升大学生信息安全意识。三是积极开展网络思想政治教育活动，用科学的理论占领网络阵地，从而进行大学生网络安全管理。

5. 社交安全管理

人是群居性动物，这也就构成了我们生活的社会，人的生活离不开社会，社会也因为人的互动变得更加丰富。在生活中，人们往往会与他人互动交友，交友是人在社会生活中最基本的技能，也是最常见的行为。交友满足了人的最基本需求。当我们离开熟悉的土地、离开父母、离开朋友，跨入大学校园的那一刻起，孤身一人的我们首先面对的就是交友、适应新的环境。还有一些同学在步入大学校园之后，开始关注交友恋爱的问题。俗话说"在家靠父母，出门靠朋友"，多交朋友很大程度上有利于我们在社会中生存。交友也是一门学问，有的大学生在交友过程中没有足够的警惕心，很容易轻信他人，失去原则，滥交朋友，结果事与愿违，自酿苦果，因交友不慎，被"朋友"骗吃、骗喝、骗财、骗物；在帮一些所谓的"朋友"的过程中失去底线，为"友情"不惜一切，触犯法律。可见并非喜好交际就代表人际交往能力强，相反，某种程度上来说，这恰恰暴露了某些大学生在交友这件事上的不足。进入大学，恋爱现象已随处可见，大学生的心理生理都已经渐趋成熟，他们渴望寻找爱情，可且他们也有权利谈恋爱甚至结婚。但在恋爱过程中，很多学生很容易走向极端，为情所困，荒废学业，甚至因失恋自杀或他杀的事件也时常出现，令人痛心。

随着社会的发展，大学校园俨然成为一个"小社会"，复杂的人员构成和周边环境，使大学生受侵害事件屡屡发生。校内人员结构的变化，校外人员的进入，周边各种公司、宾馆、浴室、影剧院等生活服务设施带来了更多的校园安全隐患，给校园社交环境带来严重影响，除了要加强校园综合治理和安全管理外，更重要的是要切实开展治安安全形势教育，让学生们对于校内外可能发生的安全问题保持足够的警惕心。大学生会接触到很多社会活动，尤其是社会交往、勤工助学、求职择业等，这使学校的安全管理工作更加重要，大学生社交安全管理是大学生安全管理的重要内容。

6. 大学生日常安全管理

大学生在校期间的日常安全管理包括：安全用水用电知识及危害应对、校园集体活动安全意识教育、流行疾病预防与处置措施、校外实践安全应对策略、运动损伤的预防与处理等。大学生大多居住在学生宿舍，他们安全用电用水的意识不强、常识不足，对水电的使用不合理，所使用的电器质量不高、安装不当和维修不及时以及违反电器操作规程等导致用电安全问题和事故频发。大学生集体活动丰富，包括社团组织活动、实习及社会实践活动等，在这些活动开展过程中，由于人数众多，大学生缺乏警惕心，经常出现安全事故。由于大学生过着集体生活，社会活动又比较活跃，学校人员流动性较大，一些流行性疾病还是会在校园内发生。所以正确认识并有效预防流行性疾病是现代大学生文明、进步的体现，既有益于个人又有益于社会。体育运动是大学教育的一项重要内容，在各大高校得到了有力推崇，它不仅可以锻炼强健的体魄，还能够磨炼学生的意志，使学生在忙碌的学习和生活中得到放松和调节，很大程度上丰富活跃了同学们的大学生活。但是体育运动也是最容易对大学生的身体造成伤害的活动，因此，参加体育活动应当具有一定的技巧和体能，来应对体育运动中可能出现的伤害。不少体育项目还具有较强的竞争性和对抗性，这使得体育运动很容易出现扭伤、砸伤、摔伤等安全事故，轻则伤及皮肤，重则伤及骨骼、内脏，甚至造成残废或死亡，这会给大学生及家人带来极大痛苦，所以进行运动损伤安全管理是大学生安全管理的重要内容。

第二节　大学生人身健康安全管理

一、人身侵害危机管理

（一）人身侵害的类型及主要表现

调查显示，大学生法律意识缺乏、安全意识淡薄、安全防范知识不足，直接影响到校园内外个人的人身及财产安全保障问题。因此，掌握保障人身财产安全的方法和技能，学习有关安全防范的知识，对于保障大学生人身和财产安全、促进大学生健康发展具有重要意义。

大学生中发生的人身侵害主要包括四个方面：①有关人体健康的非法伤害（打架斗殴、绑架等）；②危及生命安全的非法侵害（如凶杀、投毒等）；③

非法性侵害；④人身伤害（主要指人的人格和身份两种权利受到的侵害，既包括身体上受到的不法侵害，也包括人格方面诸如名誉、荣辱、隐私、人身自由等民事权利受到的侵犯）。

【案例】2012 年 12 月 31 日晚 10：30，在某高校校园路奶茶店门口，一位大三学生王某在与小偷搏斗中不幸中刀。事情经过：王某与同学在发现小偷行窃时，当场与之进行交涉。交涉无果，王某和同学与小偷厮打了起来。因为街上人多，所以王某等人并不害怕。在扭打过程中，这名男子突然掏出匕首，对着围着他的同学大喊："我一刀捅死你！"几分钟后，王某被刺伤。次日凌晨，王某死亡。

（二）伤害危机的预防及应对

与其他行为相比，伤害危机是大学生受到的人身侵害中发生概率较高的行为。许多伤害危机发生前是可以避免的，如校园斗殴事件等。同时，伤害危机发生过程中，事件影响可大可小，正确处理可以避免更大的伤害事件发生。那么伤害危机应当如何预防呢？

1. 伤害的预防

（1）树立安全意识，远离危险游戏

人身安全危机无处不在，伤害事故有时甚至会发生在游戏过程中。因此，积极参加学校的安全教育活动、认真学习必要的防御技能、掌握安全知识、提高自身安全防范意识和防范能力是十分有必要的。同时，也要远离危险游戏。

（2）在公共场所遇到寻衅滋事的人时，要尽量远离

遇到他人挑衅自己，不要意气用事，要积极向路人或者公安机关等求助。要学会谦让，尽量不与陌生人发生矛盾，以减少自己可能受到的伤害。

（3）特殊事件发生时要特别注意安全防范

如老师不在学校、气候异常、临放假离校时等，这些时期大部分学生情绪都不稳定，人际交往中特别容易发生矛盾，以致造成人身伤害。

（4）特殊地点要特别注意安全防范

如没有监控摄像头的黑暗路段、人流较少的运动场、施工工地、湖边等。

（5）内强素质，外塑形象

大学生打架斗殴的原因一般很简单，大都是学生行为粗鲁、谈吐不雅，双方各执一词、互不相让等。所以对于大学生打架斗殴的预防，还是要从大学生自身素质入手，不断提高他们的思想道德素质，塑造良好形象。

（6）冷静克制，学会容忍

大学生打架斗殴一般由小矛盾、小纠纷引起，但是在生活中每个人都难免与他人产生矛盾，关键还是要学会宽容大度、冷静地处理这些问题。

（7）团结同学，建立良好的人际关系

在班级中，要善于团结同学，与同学建立良好的人际关系。当与同学发生矛盾时，要积极化解，克服老乡观念和哥们儿义气，不要为了义气去打架斗殴，要做文明的大学生。

（8）积极培养自身法制观念，遵守法律和学校规章制度

不侵害他人利益，不影响他人的正常学习和休息。同时，作为大学生，要注意遵守法律和校规校纪，并在生活中注意不要触碰道德红线，尊重社会的公序良俗，避免矛盾和纠纷的发生。

2. 伤害事件的应对

遇到人身健康伤害事件时，我们应当采取下列五种措施来应对。

（1）冷静对待，化解矛盾

在发生矛盾时，要互相谦让，学会主动回避，避免事态进一步恶化。在冲突即将爆发时，首先自己要保持冷静和克制，切勿莽撞行事。

（2）寻求帮助，脱险为上

在遇到伤害危机时，要以快速脱离险境为主要目的。通过语言的和解和行动的表示，快速撤离，避免矛盾激化。对于多人聚集斗殴，千万不能贸然冲入打斗现场，要第一时间向老师、辅导员、保卫处或者警方寻求帮助。更不能煽风点火，添油加醋，恶意起哄。当人身伤害危机造成了比较严重的后果时，如有同学人身受到了严重伤害，要及时拨打 110 报警和 120 救护，寻求公安机关和医护人员的帮助。

（3）正当防卫，切莫过当

在犯罪分子实施不法侵害时，要利用合适的方式进行反击，以避免或减少自己受到的伤害。在这些情况下，采取正当防卫的手段也是合法的。当看到他人遭受不法侵害时，也可以采取正当防卫的方式，而保护国家和集体的利益和他人的人身安全也是法律赋予公民的义务。但是要注意的是，正当防卫不能超过必要的限度。

（4）保留证据，履责有痕

无论是被打还是反击他人，一旦产生民事、刑事纠纷，谁掌握的证据充足，相对而言结果就对谁更有利。如果人身健康受到伤害，被打伤的部位、医院证

明要通过拍照保留证据；受损坏的物品也要及时收集起来并拍照。此外，还要注意证据保全，如保护犯罪现场、记录被害人的伤情等，积极协助公安部门的侦查工作。

（5）化解矛盾，自我反思

如果出现了打架斗殴现象，给矛盾双方造成了人身健康的侵害，要首先进行自我批评，总结问题，多思考解决问题的其他途径。如果是自己的问题，要主动道歉以化解矛盾。同时，要深刻认识到，打架斗殴是影响恶劣、后果严重的违纪行为，要加以警醒。

（三）针对女生的侵犯危机及其应对

女性力量相对较弱，加之女大学生正处于青年时期，容易成为犯罪者假想的完美对象。如果没有防范心理和防范能力，女大学生就很容易受到侵犯，特别是夏季，针对女性的案件发生概率相对较高。如何保证自己的安全，如何识破歹徒的诡计，是我们亟须了解的。

1. 女生对暴力侵犯的预防

女生预防暴力侵犯应当采取如下措施：

（1）要保持清醒和冷静

保持清醒和冷静，在遇到暴力侵犯事件时才能下意识做出最有利于自己的反应。

（2）要注意出行安全

①在公共交通工具上，首先要选好自己的位置。女性最好站在车厢前面和中间的地方，这两个地方人流相对较少，比较安全；最好不要站在车门口，尤其是上下班高峰期，这里人流较多，比较危险。同时，数据显示，女性站在拉手吊环下是最安全的，因为"色狼"如果在此下手容易被人发现，因此不敢轻举妄动。也有研究表明，女性如在车上看书看报，则受到性骚扰的概率将大大减少。在上下班高峰期间乘车，可以将随身携带的包放在胸前或者臀部，如果搭乘末班车，注意不要打瞌睡，如果实在不得不进行短暂的休息，最好戴上黑色墨镜，并保持正常的姿势。

②在电梯里，如果和你一起乘坐电梯的是一名陌生男子，你应当站在电梯按钮控制板的一侧，一只手自然地放在控制板上，同时故作轻松地注视对方，但仍要心存戒备。有时，电梯快启动时，经常会有陌生男士突然跨进电梯准备乘梯，如果电梯只有你一个人，此时最好的办法就是，他进你出，提高防范意识。

③在路线选择上，如果在校园内行走，即使是白天，也要选择行人较多的道路。如果在校外陌生道路行走，要选择有路灯且行人较多的路线，最好结伴而行，不要单独行走。在校外行走，不要随意搭乘陌生车辆，发现异常情况，不要犹豫，走到人多的地方，并积极寻求公安机关的帮助。

④在出行方式上，尽量与他人一同出行。走到陌生的地方，尽量向女性问路，不得不向男性问路时，也不要男性带路。要心存戒心，对陌生人突然的纠缠要尽快摆脱，情况紧急时可采取报警措施。晚上参加娱乐活动时要与熟人一起，不要在陌生人多的地方停留太久。

⑤要了解青春期基本的性知识、性卫生常识。学习和掌握遭受性侵害后的处理办法，如及时进行医学检查、采取避孕措施等，将对身体伤害降到最小。同时，树立正确的性观念，理性对待性行为，将性侵犯带来的心理伤害降到最低。

2. 女生遭受暴力侵犯时的应对

①遇到不法分子挑衅时，不要害怕，不要唯唯诺诺，要横眉冷对，不予理睬；如果对方人多势众，要跑到人多的地方寻求群众的帮助，并利用一切机会及时报警。

②遇到不法分子企图猥亵时，及时喝止往往能起到及时阻止侵害行为的效果。如果喝止行为不足以吓退不法分子，受害者应当首先选择智斗方法与歹徒周旋，要想办法麻痹歹徒伺机逃脱。当事人要仔细观察歹徒，了解歹徒的目的，以保全自身安全为原则快速判断，采取措施。例如，受害人可以佯装突发疾病，满地打滚、喘气困难需要吃药等并伺机逃脱；还可根据情况与其聊天了解其情况劝说其放弃侵犯行为。伺机逃脱的过程中，应侧身逃离，以免歹徒从背后袭击。

③当无力抵抗不法分子的暴力侵犯时，应当视情况采取适当处理方式。首先应大声呼救，通过敲击物品、砸毁财物等方式引起群众注意。若不法行为人仍然继续施暴，或者行为已经转化成伤害行为，受害人应采取必要的抗争措施。例如，用随身携带的物品或周围物品自救，用发夹、泥土、铅笔、砖头等快速全力攻击对方的眼睛、胯部、耳朵等要害部位。此外，不要直盯着歹徒看，歹徒会害怕受害人记住其面貌而对受害人进行更严重的侵犯，此时应当尽量不动声色地记住对方的面容、衣着、体貌等特征，以期脱身后给警方提供有力的线索。另外，面对强暴，女性的反抗虽是十分必要的，但是在反抗极易引起生命危险的情况下，应以保全性命为重。

3. 暴力侵犯事件发生后

（1）求助警察、医生

遭受到性侵犯之后，不要羞耻胆怯，要积极地寻求公安机关的帮助，向警方说明案件的相关情况，以便警方获取证据并抓获犯罪嫌疑人。女性向公安机关报案时，应主要说明如下内容：①案发时间、地点、作案人数；②事件的起因及发展经过；③遭受了哪些侮辱及受伤情况；④作案人员的体貌特征及其他能够确定身份的信息；⑤丢失物品的名称、数量、特征；⑥提供在场的证人信息等。另外，在遭受性侵之后，要及时到医院就医，以免产生不良后果。

（2）保留物证，调节心理

注意保护案发现场，对于现场发现的精液、血迹、毛发等能够确定犯罪嫌疑人身份的关键证据，应当采取妥善的保护措施。受害者尤其要调节自己的心理，必要时和信任的人倾诉，并积极寻求心理帮助。

（四）校园暴力危机及其应对

青年人是祖国的未来、民族的希望，青年人的整体素质是一个国家发展状态的反映。我国正处于发展的重要阶段，青年人的健康成长，直接影响着祖国的未来。近年来，大学校园暴力事件频发，给部分青年人的健康成长造成了不可弥补的伤害。现如今新媒体发展迅速，校园暴力事件得到广泛传播，给社会发展造成了巨大的不良影响。

1. 校园暴力的类型及其成因

校园暴力是指在校园里发生的暴力事件，包括学生之间、师生之间的暴行以及对学校的破坏行为。暴力行为不仅指肢体行为，也包括其他行为。暴力行为造成的伤害有多种，如语言伤害、被强迫做自己不喜欢的事、被故意陷害造成的生理和心理的伤害等。

校园暴力可分为三类：语言型暴力、武力型暴力和精神型暴力。语言型暴力是指通过言语辱骂来攻击他人的一种暴力形式。我们生活在自媒体时代，人人享有话语权，但现实中存在大量的"水军"，故意散布不实的信息，从而对他人的名誉造成不良的影响。武力型暴力是指通过武力给他人身体造成伤害的一种暴力方式，如打架斗殴。精神型暴力是指利用受害人的精神弱点，不断给予受害人精神压力的暴力方式，常见于学生宿舍，如四个学生彼此不沟通、不交流，四个学生分成几个小团体等。

2. 校园暴力的预防

①使用个人用品时尽量低调，不要炫耀。

②在校园内要行为大气、态度谦和，不要故意招惹身材高大、性格霸道的同学；与同学发生冲突之后要想办法解决，自己的错误要勇于承认并主动道歉，并寻求老师的帮助。

③在校园中尽量结伴而行，不要走行人较少的路；天黑时，要选择行人众多、灯光明亮的路线。

④尊重他人，也认同自己。要理性地看待自己与他人性格上、价值观念上的差异，体会每一位同学性格上的可爱之处，同时形成自我认同。

⑤参加自卫训练。提高自身素质，减小自己受到伤害的可能性。

3. 校园暴力的危机应对

①如果遭遇语言和精神暴力，在尚未影响日常生活的情况下，首先要保持冷静，调节好心态，健康积极地生活和交友，不要理会侵犯者。侵犯者往往会因为受害者的不回应而失去继续实施语言暴力的兴趣。

如果侵犯者不断地实施语言和精神暴力，要积极地与侵犯者交流，告诉侵犯者他这种行为给你带来了不好的影响并要求他停止。一般情况下，侵犯者会意识到自己的错误。

②如果遇到校园欺凌事件，可以冷静沉着地大声告诉对方，对方的行为是违法的，是要受到法律制裁的。要充分利用法律的威严来攻克对方的心理防线。

③如果对方还是继续欺凌行为的话，一定要理智，不要害怕，尽量拖延时间，并找机会报警。如果是在公共场合，要积极寻求群众的帮助，大声向路人呼救；要顺从对方，不要激怒对方，以保障自身的人身安全。寻找一些话题缓解压抑紧张的氛围，取得对方的信任，为自己争取时间等待救援。

如果施暴者采取武力手段，一定要保护自己并采取自卫手段，不能默默挨打，要用行动告诉对方自己不是软弱可欺的。采取自卫手段是为了给对方一个震慑作用，一般情况下会使对方心虚而停止侵害，默默忍受只会让对方变本加厉。

④遭受校园暴力事件之后的应对措施：第一，遭受暴力之后，很多人都会受到不许报警的威胁，但碰到这种事情一定不要忍气吞声，也不要以暴制暴，要用法律手段来解决。第二，事情发生后，主动把发生的情况告诉家长、辅导员、老师，请求他们帮忙维护权益，解决暴力问题。第三，法律永远是保护我们最好的武器，遇到严重的暴力侵害要用法律手段解决。

（五）校园宿舍火灾危机及应对

学生宿舍是学生休息、生活、学习的综合场所，学生一天中至少一半的时间在这里度过。一旦发生火灾，特别是在夜间，将对学生的生命财产安全构成严重的威胁。因此，学生宿舍是学校防火工作的重点关注对象。

1. 学生宿舍的起火原因

学生宿舍内人员密集，存放大量的可燃物质，如书、蚊帐、窗帘、书桌以及衣服等。在火的作用下，极易发生火灾并迅速蔓延，因而，我们应了解学生宿舍引起火灾的主要原因。

（1）私接乱接电源，违规使用电器

为了使学生休息好，学校在宿舍用电方面有严格规定，但有的学生为了自己方便，从室内灯头处私接电源，将电线放在床底下的垫子上，一旦电线老化裸露极易发生短路。

少数学生违反宿舍防火安全管理规定，私自使用劣质电器和大功率电器（包括充电器、热得快、电吹风、直板夹等），使电线超负荷工作，造成短路，引起火灾事故。

（2）用酒精炉做饭

有些学生图方便，在宿舍内使用酒精炉做饭，若处理不当，极易发生火灾事故。

（3）点蜡烛看书

部分学生平时不认真学习，考试前"临时抱佛脚"，晚上在宿舍点蜡烛"加夜班"，或是看小说，如不小心碰倒蜡烛，或是睡着了而蜡烛未熄，结果蜡烛烧到底，点燃了室内的书籍、床板等可燃物品，引起火灾。

（4）躺在床上吸烟或乱扔烟头

男同学中抽烟的人不少，有的学生抽完烟后不掐灭烟头，随手扔掉，少数学生躺在床上吸烟，烟头一旦掉在床上，极易发生火灾事故。

（5）焚烧杂物

在宿舍或走廊内焚烧杂物是非常危险的，如果人离开而火未熄，或是火太大无法控制，极易引起火灾。

2. 学生宿舍火灾的防范措施

（1）增强学生安全防范意识

预防火灾隐患，一靠思想教育，二靠制度规范。增强学生安全防范意识，杜绝不安全行为是预防火灾隐患的根本性工作。因此，学校应把防火安全教育作为一项经常性工作常抓不懈。职能部门应经常对学生进行消防安全教育，从思想上真正筑起安全防线。

（2）增强学生法制观念，提高学生遵纪守法自觉性

经常组织学生学习《中华人民共和国消防法》和《高等学校消防安全管理规定》，让学生了解和掌握有关法律知识和校规校纪，做到知法、懂法、守法，提高法律素质，增强遵纪守法自觉性，并能依法维护自己的合法权益，学生在宿舍内应自觉遵守防火安全的规定。

（3）学校管理及制度保障是学生宿舍防火的重要因素

学校应该高度重视学生宿舍火灾防范工作，要完善管理制度，应特别注重发挥学校辅导员的作用，落实辅导员定时查寝制度，定期开展消防安全教育，让同学们了解防火的重要性。把防火列为对学生进行日常管理的内容之一，经常对学生进行教育、提醒和突击检查。

二、食品、药品安全管理

（一）食品安全问题

1. 食物中毒及表征

（1）食物中毒的含义

食物中毒是指食用了不利于人体健康的物品而导致的急性中毒性疾病，通常都是在不知情的情况下发生食物中毒。《中华人民共和国食品安全法》（2009版）第九十九条规定：食物中毒，指食用了被有毒有害物质污染的食品或者食用了含有毒有害物质的食品后出现的急性、亚急性疾病。

（2）食物中毒的分类

①细菌性食物中毒。这类中毒大多发生在夏季，由于天气炎热，食物中易滋生大量的有害微生物，并产生毒素。人们吃了含有大量有毒细菌的食物就会引起细菌性食物中毒。

②有毒动植物食物中毒。有毒的动物，如河豚、鱼胆、鲐鱼等，有毒的植物，如蓖麻子、苦杏仁等。这些动植物或是由于烹饪方法不当，或是生食包含有毒的成分，很容易引起食物中毒。

③化学性食物中毒。由于疏忽大意，不小心将鼠药、农药等剧毒化学药品放入粮食中，或者蔬菜瓜果上的农药残留过多，人们食用这类被化学毒物污

染的食物引起的中毒，即为化学性食物中毒。

④真菌毒素和霉变食物中毒。霉变食物大多含有真菌毒素，人们出于节约或者不知情的情况食用了这种食物，往往会出现各种中毒症状。这种由真菌毒素导致的食物中毒，即为真菌毒素和霉变食物中毒。

（3）食物中毒的特征

①发病呈暴发性：短时间内突然发病，来势激烈，潜伏期短。

②具有相似的临床症状：中毒病人一般都有恶心、呕吐、腹痛、腹泻等症状。

③发病与食物有关：患者大都使用了某种食物，发病的范围会局限在食用了这种食物的人群上。停止食用该食物后，发病很快停止。

④食物中毒不会传染，仅局限在个人。

⑤有明显的季节性：细菌性和有毒动植物食物中毒多发生在夏秋季节；肉毒中毒等多发生在冬春季节。

（4）食物中毒的表现

食物中毒者最常见的症状是上吐下泻，腹部疼痛进而引发脱水。还有眼窝下陷、肢体无力、脉搏微弱进而引发休克等症状。

2. 食物中毒的发生原因

（1）细菌性食物中毒

细菌性食物中毒是由人们摄入了含细菌毒素的食品引起的，引起这类食物中毒的最主要原因是食物被细菌污染。资料显示，我国食物中毒发生的种类的一半就是细菌性食物中毒，其中，引起细菌性食物中毒的主要食品是动物制品，首先是熟肉制品，其次是变质、病死畜肉等。

但是并不是所有被细菌污染的食物都会引起食物中毒，只有细菌在食物中大量积累产生了足以致病的毒素才会引起中毒。那么怎样才会引起细菌在食物中的大量繁殖呢？首先是储藏方式不当，尤其是把食物放在较高温度下储藏，食物中的水分等会引起致病细菌的大量繁殖。当然，如果在食用前对食物进行彻底加热，也不会引起中毒。因此，食前没有充分加热也是引起食物中毒的原因。

（2）真菌毒素中毒

真菌在食物中繁殖产生足以致病的毒素，一般的加热方法并不能破坏食品中的毒素。产生真菌毒素需要一定的温度和湿度，所以这类食物中毒季节性和地区性比较明显。

（3）动物性食物中毒

动物性食物中毒主要有两种：①误食了本身含有有毒成分的动物或动物的

某一部分引起中毒反应；②由于烹饪方法不当使某些动物性食品含有了毒性。数据显示，我国发生的动物性食物中毒事件中最多的是食用河豚中毒。

（4）植物性食物中毒

植物性食物中毒主要分三种：①植物本身含有毒性，被加工成食品供人食用，如毒蘑菇、大麻油等引起的食物中毒；②在食品烹饪或加工过程中，没有破坏掉食物含有的毒性物质，如木薯、苦杏仁等；③不当食用植物性食品，如食用发芽的马铃薯、没烧熟的扁豆等引起的中毒。菜豆中毒、毒蘑菇中毒等是最常见的植物性食物中毒，可引起死亡的有毒蘑菇、曼陀罗、银杏等。依照目前的医疗水平来看，治疗植物性中毒没有什么特效疗法，所以中毒的预防比中毒后的处理更为重要。

（5）化学性食物中毒

化学性食物中毒主要包括如下三种：①误食被有毒物质污染过的食品；②食用食品添加剂过量或者加入了非食品添加剂的食品；③食用由于储藏方式不当而引起食物营养物质发生变化产生毒素的食物。化学性食物中毒的发病与进食的时间、进食量有关。一般进食后不久突然发病，而且病因相同的病人症状都非常相似。有关化学毒物可以从剩余食品、呕吐物、血和尿等样品检测出来。处理化学性食物中毒时应快速及时，不然会对病人的生命安全产生极大的威胁。

3. 食物中毒的应急处理办法

在生活中，如果发现有人出现上吐下泻的症状，应立即拨打120急救，同时停止食用造成中毒的食品。在救护车到来之前，可以采取以下措施进行急救。

（1）催吐

如果中毒不久，没有明显呕吐的症状，可以用手指或者筷子刺激舌头进行催吐，或者让中毒者饮用大量的温开水，以减少毒素的吸收。当催吐物变成澄清的液体时，让中毒者饮用适量的牛奶，以起到保护胃黏膜的作用。如果催吐物出现血色，则说明消化道等可能出现出血，应停止催吐。尽量让患者处于侧卧状态，避免出现呕吐物堵塞中毒者气管的情况。另外，催吐过程中让中毒者多喝盐水补充水分。

（2）导泻

如果病人中毒时间已超过两小时，但是精神较好，可服用泻药进行导泻，将有毒食物排出体外。也可以用大黄、番泻叶煎服或用开水冲服，也可以起到相同的作用。

（3）保留食物样本

在中毒发生之后，要保留食物的样本，以便医生对中毒原因进行检测核对，方便对中毒人员进行治疗。如果找不到剩余食物，也可以保留中毒人员的排泄物或呕吐物，方便医生确诊和治疗。

（4）正确的休息姿势

如果腹部疼痛剧烈，可采取仰卧姿势并将双腿抬起趋向胸前弯曲，可有效缓解腹痛及肌肉紧张，为了保持血液循环，要注意腹部保暖，如果中毒者出现脸色发青、冒冷汗的症状，要注意立即就医，防止中毒者休克。

4. 食物中毒的预防

针对上述食物中毒发生的理由，应从以下两方面进行预防：防止食品受到细菌污染、控制细菌生长繁殖。

（1）防止食品受到细菌污染

①保持清洁，与食品接触的所有工具都要保持清洁，厨房的环境也要保持清洁。烹饪食物时，食物和手都要洗净，触摸不同的食物后都要对手进行清洁。注意除虫，老鼠、蟑螂等有害动物要及时清理。特别提示：熟食操作工具不仅要进行清洗，还要进行消毒。

②生食品和熟食品要分开处理，处理生食使用过的工具和砧板，在处理熟食时要进行消毒。处理生食之后对手进行消毒才能进行其他的操作。特别提示：生熟食品的存放要严格区分，盛放熟食的容器一定要进行严格的消毒。

③使用洁净的水和安全的食品原料。首先，要选择正规渠道获得的、新鲜的食品。其次，要使用清洁优质的水，食材要进行彻底的清洗。特别提示：对于操作过程复杂、生食海产品等食品，要严格按照食品安全加工流程来操作，还要尽量缩短食物的存放时间以保证新鲜。

（2）控制细菌生长繁殖

①控制温度。预计存放时间超过两小时的，应将食物置于5℃以下的环境下保存。冷冻食品化冻时，要在5℃以下的环境下进行解冻。乳制品冷藏时，要在5℃以下的环境中进行。特别提示：冰箱内的温度要比食物的中心温度至少低1℃。不适合用冰箱进行冷却的食物，可以采用冰浴的方式。食品不应用冰箱进行冷却，有效的冷却方法是将食品分成小块并使用冰浴。

②控制时间。食品从加工到食用的时间间隔最好不要太长，一般不要超过两小时，海鲜类的食品一般不超过一小时。冰箱中的食材不要储存太长时间，尤其是生鲜类的食材，可以在其盛放容器上贴上标签，以辨别时间。

③烧熟煮透。烹饪食物时，一定要将食物进行彻底加热。对于存放过一定时间的食品，更要彻底加热至中心温度达到 70℃以上。如果食物中含有耐热的毒素，就不要再加热食用了。冷冻的食物要彻底加热后再进行烹饪，避免外熟内生。

④严格清洗消毒。不经加热直接生食的食品，如生鱼片，应首先进行清洗，然后进行严格的消毒。盛放类似生鱼片这样的食品的容器也要进行消毒，进行烹调时手也要消毒。特别提示：对餐具消毒最有效的方法是热力消毒，比如煮沸或者蒸汽加热。

（二）药品安全问题

1. 日常用药安全

（1）常用药物分类

药品分类：处方药、非处方药（甲类非处方药、乙类非处方药）。

处方药是指必须凭借医生的处方才可调配、购买和使用的药品。处方药多适用于一些复杂严重的病症，患者不能通过自我判断而自行服药。常见的处方药有注射剂和抗生素等。在处方药的外包装或者说明书上，可以看到"凭医生处方销售、购买和使用"的告示语。非处方药是不凭医生的处方也可以进行调配、购买和使用的药品。它具有疗效肯定、服用方便、质量稳定的特点。非处方药在美国被称为"可在柜台上买到的药品（Over-the-Counter，OTC）"，后成为全球通用的俗称。

（2）药物说明书常识

首先，药品使用说明书是对该药品的一个简单介绍，患者在服用药品前，要仔细阅读药品说明书，尤其是了解药品用量、服用方式、禁忌、注意事项等。说明书上列出的用药方法，如如何注射、如何服用、一天几次等，一定不要弄错；药品说明书上表明的剂量、使用方法等是针对大部分人而言的，有些人对药品特别敏感，即使严格按照使用说明来服用还是会造成不良反应，所以在服药时我们要小心谨慎，留心不良反应。

其次，学会看药品规格。每一包装的药品都会写规格，要严格按照药品的规格服用适当的剂量。另外，有的药品并非是整片服用，需要遵医嘱服用。

（3）日常用药安全注意事项

在日常生活中用药除了要注意区分药品为处方药还是非处方药以外，还要注意以下几个问题：

①注意识别药品和非药品。首先，要看清批准文号。正规药品的包装盒上均印有国家市场监督管理总局批准的药品批准文号。进口药品标签上必须用中文简体注明药品名称、成分、注册证号等事项，未注明中文或仅有外文说明的，均为未经我国批准进口或假冒的药品。正规药品的批准文号，均可通过登录国家市场监督管理总局网站的药品基础数据库进行查询。

其次，要看清药品存放位置。在购买药品时，可以根据药品摆放的位置来区分药品和非药品。正规的药店都设有药品专区和非药品专区。

最后，要注意购买渠道。应该到正规的药店或者医院购买药品，并且保存好发票。不要到一些不正规的诊所或药店买药，不要轻信药品推销者的话，不要轻易相信广告而邮购药品。

②不要看广告吃药。广告宣传有一定必要性，但是难免有一定片面性，存在过于夸大其词的可能，对产品的缺点往往选择回避，对疾病、药物缺乏完整和全面的介绍，因此不能光看广告来选择药物。

③合并用药不宜过多。药物之间有一些相互作用，有些药在一起会产生不良反应或疗效抵消的情况，这种情况是禁止合并使用的。同时，对于同类药，药效相似，合并使用就等于药量相加，也会产生不安全的副作用。

④要恰当地使用抗生素。滥用抗生素会使体内病菌产生耐药性，从而使疾病更加难以治愈。此外，抗生素容易引起药物过敏反应，进而损伤部分器官的正常运转。

⑤安眠药物的中毒症状和预防。大量使用和误服安眠药、镇痛药会使中枢神经系统受到抑制，引起中毒，因此要严格管理上述药物，防止乱服、误服。发现中毒后要立即送往医院治疗。

2. 药品的储藏安全

如果药品出现如下现象，则表明药物已经变质，不能服用：

胶囊表面发生粘连；丸剂变形、变色、发霉或产生臭味；药片发霉、出现结晶；糖衣片褪色，出现花斑、发霉；冲剂受潮结块变硬；药粉发酵变臭；药膏出现油水分层；内服药水出现絮状物、沉淀物，或产生气体；眼药水混浊、沉淀、变色出现纤维等；注射液变色、混浊、沉淀或结晶析出。

3. 常见药物的不良反应

药品的不良反应主要如下：

（1）副作用

这指在正常服药的情况下产生的一些不是治疗作用的反应。如麻黄碱本来是止喘药物但是会引起失眠；阿托品可以治疗痉挛但会引起视觉模糊。

（2）过敏反应

一些体质特殊的人正常服药时出现的特别反应。如皮疹、休克甚至死亡。

（3）毒性反应

患者正常服药的情况下出现药理作用引起功能性损伤。如服用磺胺类药物引起的皮炎皮疹、皮肤瘙痒、血管神经水肿等。

（4）后遗效应

如长期服用安眠药次日会有昏睡感。

（5）成瘾性与依赖性

如长期服用吗啡使身体对药品产生依赖，戒不掉。

（6）致畸作用

有些药品孕妇服用后可能导致胎儿畸形。

（7）致癌作用

某些药物可能诱发机体组织癌变。

4. 常用药物的注意事项

（1）解热镇痛药

服用含对乙酰氨基酚的药品时，不要同时服用其他解热镇痛药。对于双氯芬酸钾胶囊，一定要在饭前吃，饭后吃的话容易降低它的吸收率。

（2）抗组胺药

扑尔敏有嗜睡的副作用，司机或其他危险作业者在服药后就不应进行工作。对于西替利嗪，司机和其他危险作业者也要谨慎服用。

（3）抗菌药

服用头孢菌素类抗菌药后不要饮酒，不然会引起中毒；头孢呋辛酯应该在饭后服用，饭前服用会增强肠道反应引起不适；头孢氨苄要空腹喝；盐酸多西环素可与食品、牛奶或含碳酸盐饮料同服；米诺环素可与食品、牛奶或含碳酸盐饮料同服；克拉霉素可空腹服用；诺氟沙星要空腹服用并大量饮水；左氧氟沙星等喹诺酮类药物要饭后服用，多饮水，同时避免日光，以防发生光敏反应；利福平要餐前 2 小时空腹服用；磺胺类药要大量饮水。

5. 慎用保健药、减肥药

一般情况下，大部分人对药品的服用还是很谨慎的，但是对于保健品，就觉得像食品一样，无论怎么吃都不过分。但其实保健品中的营养物质我们可以从食品中获得，所以消费者还是要理性地对待保健品，不要将其神化。消费者在生病时是要对症下药，不要只服用保健品。有些营养素可以排出体外，有些会储藏在体内，如果不对症、不把握好用量，会影响身体机能的正常运转。

此外，在青年学生逐渐走向社会的大学阶段，对于自己身材的保持也更加注意，因此大学校园中服用减肥药的人群比例相对较大。但是有些减肥药，为了达到快速减肥的效果，违法添加违禁产品，如西布曲明、奥利司他等。还有一些产品中添加了氯胺酮，致使减肥者成瘾。这些不合格的减肥产品会造成肾衰竭、心脏损伤等危害。

很多减肥药品是通过抑制食欲、清肠排泄来起到减肥效果的，但是这类减肥产品往往会产生一些不良的身体反应，如失眠、头晕、心跳过速、血压升高、心律失常等，长期服用这类减肥药品会导致内分泌紊乱，甚至引起骨质疏松。一些少女体重低于正常水平还盲目减肥，这导致他们骨骼十分不健康，甚至健康水平低于老年人。

因此，盲目滥用减肥药、保健药往往对身体造成不可逆危害，保健药和减肥药并非不可食用，但是一定要在正规医院和医生的指导下，根据自己的状况，选择正确安全的药物或保健方式达到保健和减重的目的。

第三节　大学生心理健康安全管理

一、心理健康与心理危机的概述

（一）心理健康

"心理健康"是一个融合多重领域的综合概念，涉及医学现象、心理现象和社会现象等多个领域。第三届国际卫生大会把心理健康定义为身体、智能及情感上与他人的心理健康矛盾。日本心理专家高木四郎认为心理健康是以人的心理方面为对象，预防各种心理疾病的出现，从而以增进心理健康为目的的科学研究与实践。

随着研究的不断深入，人们开始从积极的方面研究心理健康。研究对象也不仅限于精神患者，也包括成熟的、正常的成人。积极心理学强调人性的优点和价值，提倡以主动预防为主，更多地关注人们的积极品质，使用激励性的方式应对心理问题。马斯洛认为，心理健康是个体高级别的追求，可以帮助人发挥天性，实现自我。

20 世纪 60 年代，国内对于心理学的研究开始起步，稍晚于西方国家，至今研究从未间断。其中，张春兴和杨国枢提出心理健康是由客观因素和主观因素两部分组成，具体的标准有四条，包括：了解并接受自己，认识并面对现实，工作休闲并重，主动参与社会活动。桑志芹等在对前人大学生心理健康标准文献进行回顾、分析的基础上，采用抽样调查、因素分析、专家评定等方法，归纳出大学生心理健康的五个标准：①基本心理能力；②内外协调适应；③情绪稳定；④角色功能协调；⑤良好的学习能力。

（二）心理危机

目前人们对心理危机的概念并无定论，甚至在一些学术研究、新闻报道中出现对心理危机概念的曲解，对于实践误导极大，因此，正确理解心理危机概念，准确界定心理危机内涵，对于理论研究与社会实践十分重要。

1.“危机”阐释

准确界定大学生心理危机的前提是应正确认识什么是危机。《现代汉语大词典》关于“危机”的解释是指：①危险的祸根；②严重困难的关头。“危机”一词有两层含义：一是危险的祸根，是并未明确显现的、潜在的危险，这种危险是可能引起祸事的根源；二是严重困难的关头，是起决定作用的严重困难时机或转折点。现代社会“危机”一词被广泛应用，用来表示潜在危险或严重困难的关头，如“经济危机”“政治危机”“生态危机”“信任危机”等。其中心理危机是危机的一种，是与人类主体心理相关的危机，是可能带来祸事或灾难的潜在危险或紧要关头。

2.“心理危机”阐释

我国对于心理危机的概念界定，大多引用美国心理学家卡普兰的概念。1998年，我国心理学家龙迪首次引用卡普兰对于心理危机的概念，认为当一个人面对困难情境，而他先前处理问题的方式及其惯常的支持系统不足以应对眼前的处境，即他必须面对的困难情境超过了他的能力时，这个人就会产生暂时的心理困扰，这种暂时性的心理失衡状态就是心理危机。曾庆娣认为，几乎每一个关于心理危机的概念界定都是引用卡普兰的观点。卡普兰关于心理危机概念的阐释包含以下层面：第一，明确了困难的情境是一个人心理危机产生的原因；第二，这种情境是某人当前无法应对的困境；第三，明确了困难情境使人产生心理困扰而不是其他困扰，因此形成的危机是心理危机而不是其他危机；第四，这种心理困扰是一种心理失衡的状态，而不是其他心理状态，这种失衡状态是暂时性的，随着发展可能消失，也可能进一步恶化。

二、大学生心理危机管理

（一）大学生心理危机的预防

1.进行科学的心理健康教育

心理健康教育的含义是根据人们不同阶段各类发展变化规律，从人们的心理方面进行有目的性、计划性的培养教育。具体而言，心理健康教育的主体是受教育，目的是最大限度地开发人们个体的心理潜能，帮助人们朝着积极的方向发展，从而多方面地培养其优良的心理品质，并起到消除和预防各种心理障碍与行为问题的作用。

近年来，心理健康教育成为高校逐渐开展的教育内容之一，一系列经党中央和教育部发布的相关文件都明确指出，心理健康教育是大学生思想政治教育的重要组成部分，并建议将其纳入德育工作体系进行运作。在大学生心理健康教育中，高校需要充分发挥课堂教学的重要作用，用一定的心理学理论配以操作技术，并将日常教育与教学工作进行结合，再按照大学生不同阶段生理及心理的发展特点和规律，有计划、有目的地培养大学生优良的心理素质。此外，专题讲座也需要有针对性地开展。高校还需营造一种利于大学生健康成长的校园文化氛围，同时大力进行多渠道、全方位、立体化的心理健康知识的宣传，如利用心理健康知识手册、课堂教学、报刊、广播、网络等方式。最基本的是要进行心理健康知识普及，根据不同类型、不同年级、不同专业的学生开设相应的心理健康教育讲座和课程，如积极心理学、人际关系心理学、情感心理学、人格心理学、爱情心理学、性格心理学等相关的课程和专题讲座，使不同层次、不同类型学生们的心理发展需要得到满足，进而让学生学会心理健康自我调适的技能与方法，使其社会适应能力和心理适应能力得到提升，激发与调动其参与的主动性与积极性。同时在这种教育过程中，学生也会逐渐认识到，任何心理问题的解决方式最终落脚点是在学生自己，依靠自我的力量才能消除各种心理问题。

2.举办多种多样的心理健康教育活动

对学生而言，多种多样、新奇有趣的活动是其最易接受的一种教育方式。例如，举办征文手抄报比赛、心理健康知识竞赛、学生现场咨询、心理电影赏析、团体心理辅导、校园心理剧比赛、主题班会等别出心裁的心理健康教育活动，既可以帮助维护其心理平衡，促使其心理发展更为健康向上，也有利于其优良的心理品质的养成。目前，已有许多高校顺利举办了诸如此类的一系列活动，学生们都积极参与，成效显著。

3.开设专门的心理辅导与咨询机构

心理咨询指的是具有相应资格的专门心理咨询人员运用心理学方面的理论与方法，向求询者施以积极影响，在此过程中，以促使求询者的行为和心理发生积极的变化，同时也帮助求询者达到自助目的的一种活动。高校需要根据心理健康教育的要求与目标，结合相应的原则进行科学的咨询与辅导，重视与做好部分学生的心理辅导工作。要对心理咨询内容进行科学的规划，选择正确的心理咨询方式，并由专门的心理咨询员、心理健康教育工作者接待学生来访，进行专业性心理治疗。在此过程中，对于不同学生的状态，也要有所针对、有所侧重。实践证明，必须要重视和做好特殊学生的心理健康教育工作。对于心理问题较为严重的学生，要仔细研究技巧，通过做好其他学生工作，营造一种良好的心理关怀与支持环境，缓解其心理症状。特别针对少数有心理问题的大学生应做好心理咨询干预和治疗工作。

（二）大学生心理问题自助调适

大学生的求学生涯中会遇到一系列的心理危机，这个时候，就要注意对大学生的心理问题进行调适，尤其是注意对其人际关系方面、学业方面、恋爱方面和就业方面的心理进行调适。

1.大学生人际关系方面的心理调适

认识交往对于每个个体来说，都是其基本需要，良好的人际关系往来是促进学生心理健康的重要因素。具体而言，大学生的人际交往主要涉及两个方面，一是师生关系，二是同学关系。

（1）大学生师生关系的心理调适

在学校中，师生关系是最重要的人际关系之一。师生关系的好坏，直接影响着大学生的学习状态，因此，正确地处理与老师之间的关系对于大学生来说极为必要。要做到与老师维持良好的师生关系，就需要做到如下几个方面：

一要积极地践行"尊师"的传统。《师说》有言："师者，传道授业解惑者也。"自古以来，为人师者对自己的学生都寄予厚望，希望自己的学生能"青出于蓝而胜于蓝"。同样，尊师重道也是传承千年的美德，老师的辛勤劳动值得学生的尊重。人无完人，老师也不例外，在实际生活中，老师也不能将事情做得十全十美，但学生应该对其有起码的尊重。

二要正确看待老师的批评。"良药苦口利于病"，老师在批评学生时的出发点大多都是好的，是出于为学生着想的考虑。当然，在此过程中难免有学生会心生委屈，但无论老师的批评是否恰当，学生们在面对这些批评时都要以积极的心态去看待、去面对、去正视。但当面对某些不恰当的批评时，也不能失去理智，而是要化委屈为动力，推动自己完善自我。当听到老师的批评时，首先要冷静、客观地分析老师批评自己的原因，自己的哪些行为存在过错。其次要仔细探究错误背后的原因，而后在接受批评后，反思自己从中应该得到哪些教训。

三要协助老师的工作。首先，大学生应该积极主动地去协助老师的工作，起好"上情下达，下情上通"的桥梁作用，让老师对班级真实情况更加了解，提出负责任、有担当的建议，做老师的好帮手。其次，在与老师交流中，要掌握好对话的技巧。其中，最重要的一点是要学会如何适当地表达自己的要求与意见。这种"适当"包括恰当的语气、恰当的语言、恰当的时间、恰当的行为表现等。

（2）大学同学关系的心理调适

同学之间的关系从踏进大学校门开始，就成为大学生们必须学会恰当处理的关系。处理得好，四年下来会收获许多真情实意；处理得不好，则会导致同学间的怨愤挤兑，甚至酿成惨剧。如何做好大学同学关系的心理调适呢？具体来说，应该做到以下几个方面：

一要养成健康积极的交往情绪。要知道，双方情感上的接近或疏远是人与人之间的吸引和排斥的主要因素。热情、快乐、亲切、满意等积极的情绪和情感能营造一种使人心情放松、精神舒畅的交往环境，从而有利于增进双方的亲密关系；反之，愤怒、冷漠、厌烦、憎恨、不满等消极的情绪和情感会导致交往中的紧张、压抑情绪，这种不愉快的体验会成为人际沟通的阻碍。

二要树立正确的人际交往观念。大学生在与同学进行交往之前，首先需要从观念上矫正自己对人际交往的认识，明白恰当合适的交往是人们的正常需要，是一种光明磊落的行为，能促使其身心健康的进一步发展。

三要注意主动与人交往，充分发挥自我的主观能动性。人际交往是一种积极互动的过程，双方都积极主动地参与，才能使交往平稳运行，而后维持长久。通常来说，一旦克服羞涩，迈出主动与人交往的第一步后，以后的人际交往就变得不那么困难了。而只有通过在连续的交往中积累经验，进行总结，才能改正错误，克服不足，从而在未来的交往中发挥优点，使自我在与人交往过程中做得越来越好。在这种越变越好的人际交往体验中，自我的自信心与胆量也会慢慢得到增强，最终由怯于与人交往发展为乐于与人交往。

四要给予自己与他人正确的评价。在交往过程中，要尽量克服主观主义、印象主义，要多面地评价自己与他人，这是在具体交往过程中避免出现问题的前提条件。在学习生活中，通过将自我与他人进行对比，以此来提醒、监督自己，这种"三省吾身"的做法无可厚非。但在与他人进行对比时，要注意选择恰当的标准，不能将自我的短处与他人的长处做比较，也不能将自我的骄傲感建立在他人的劣势上。

五要注意以诚相待。真诚、善良、正直、友好、信任等良好的个性品质和人格特征，有利于增强人与人之间的吸引力，从而建立和维护良好的人际关系。反之，自私、贪婪、虚假、猜疑、嫉妒、敌意等不良的性格特征，则会妨碍良好人际关系的建立，让人们陷入压抑的交往氛围，不利于人与人之间的合作和团结。

六要注意诚实信用。"人而无信，不知其可也。"许诺别人的事就要去履行，这是信用原则的重要表现。当你一本正经、信心十足地许诺后却又失信于人时，便会让人产生一种极强的不信任感，甚至在这段关系中爆发信任危机。言而无信，反复无常，此乃人际交往的大忌。

七要做到平等交往。在人际关系交往中，首先，要树立人人平等的意识，不论其学习成绩好坏、家庭背景贫富、是否为班干部、外貌的美丑，都应得到同等的对待。而"平等"观念即意味着要尊重他人。尊重他人，他人才会给予你同样的尊重。其次，要对自己有信心，对别人有诚心，以尊重、理解的态度为交往注入保鲜剂。

八要注意求同存异。交往是双向的，在交际领域里，宽容他人就等于是在宽容自己，苛求他人也就等于是在苛求自己。人人都有自己独立的个性与思考，因此在与人交往时，不能用一种标准去要求他人，苛求他人符合自己的心理预期，要学会的是尽量宽容，于求同存异中维持良好关系。

2. 大学生学业方面的心理调适

对于大学生来说，学业的好坏直接影响其未来的就业和工作，因而学业受挫仍是目前大学生主要心理问题的成因。面对此情形时，应该积极调整心态，进行自我调适，具体来说，要做到如下几个方面：

第一，要有坚定的自信心。自信是成功的第一秘诀，只有对自己、对环境、对未来充满自信心，才会有源源不断的动力去为既定的目标不断努力、不断奋斗。失败乃成功之母，受挫乃大学生学习路程中不可缺失的一块奠基石。因此，作为学生应该正确调适心理，既不妄自菲薄，也不自怨自艾。一直带着负面眼光去评估自己、环境和未来的人很难找到成功之路。

第二，要认真对待困难。困难千奇百怪，种类繁多，这其中虽然不是所有的困难都能通过个人的努力与勤奋将之解决。但是学生可以选择拥有的是积极面对与正视的心态，如今，许多大学生一遇到困难就怨声载道，畏缩不前，他们需要的是一种轻松接纳困难的心态，想方设法地去打败一个个接踵而至的困难。

第三，要加强自我肯定。自我肯定也就是要对自我充满信心，这是自信心增强的基础。只有在正确了解和评价自己的基础上追求自己的需要、利益和价值，才能最大可能地驾驭和选择自己的生活。

第四，要正确看待学习的过程与结果的关系。学习是一种需要长期努力的过程，需要明确努力的目标，重要的是过程而不是结果。但如今，不少大学生过于看重学习的得分结果，却轻视了学习过程中的能力锻炼。因此，学生需要正确看待学习过程与结果的关系，不唯分数论，应把握学习的过程，把分数看成是追求过程中的阶段性标记。

3. 大学生恋爱方面的心理调适

由于思想观念认知和心理的成熟度不够，在恋爱过程中，大学生往往会因情绪、压力等问题而备受困扰。这种困扰会影响其学业、人际交往等多方面。因此，大学生进行恋爱方面的心理调适尤为重要。具体来说，有如下一些做法。

一是要克服以自我为中心的心理。在恋爱关系中，以自我为中心，往往会要求恋人围着自己转，听自己的话，为自己服务，迎合自己的需要，而全然不顾对方的需求、兴趣、爱好和价值观。这种单方面的适应往往不能维系一段长久的恋爱关系。因此，必须克服这种以自我为中心的心理，学会去关心、尊重恋爱当中的另一方。

二是不能有从众心理。有从众心理的人，对恋人的看法往往缺乏主见，容易随波逐流。他人的意见成为其判断的标准，别人说好就自鸣得意，别人说不好就开始自我怀疑，这种过分看重他人意见的心态往往会断送了自己的爱情。广听众议固然是好的，但也要有自己的思考，认真地去分析判断，才能做出不让自己后悔的决定。

三是不能有自卑心理。有自卑心理的人，其自身条件不一定就差。有自卑心理的人在遇到理想的异性朋友时便会担心对方是否会瞧不起自己，导致其不敢大胆追求。要知道，这种自卑心理会对自己的爱情发展产生不利的影响，因而有这种心态的人要振作精神，树立起自信、自强的心理。

四是不能有迷信心理。有迷信心理的人，会为了自己的恋爱关系求神拜佛、算命看相。这种迷信心理也许能促成一桩美好的姻缘，但也很可能会阻碍青年男女恋爱关系的建立和发展，甚至酿成不幸。虽说"有缘千里来相会"，但在此过程中以迷信的方式去影响恋爱关系却是万万不可取的。有这种心态的人应该尽早树立科学观念，清除愚昧邪说的影响。

五是不能有求全心理。人无完人，有求全心理的人，往往会把恋人过于理想化，进而对恋人的要求过高，超出了实际，择偶的范围便会极大地缩小，恋爱的成功率也会因此降低。因此，有这种心态的人要从理想化回归到现实中来，及时调整择偶标准。

六是不能有男权心理。有男权心理的人，无论男女往往都认为男性要比女性强，不管是能力还是其他方面。作为女方而言，会去要求男方的地位、文化水平要比自己高；作为男方而言，当其地位、文化水平低于女方时，便会丧失去追求女方的信心。显而易见，这种心理的存在会对自己的爱情造成不利的影响，因此要尽量去克服这种心理，树立起男女平等的观念。

4. 大学生就业方面的心理调适

对于大学生来说，毕业后的就业问题是关系其未来发展的重要问题，在就业途中的受挫经历也成为大学生主要心理问题的来源，而尽快摆脱就业受挫的困境是其必须要具备的素质。因此，在自己就业受挫后要积极进行心理调节，努力做到如下几个方面：

一是要调适心态，做足准备。大学生要提前做好功课，及时了解招聘单位的需求，根据需求做好求职前的相应准备，如求职材料、服装礼仪等。进入求职面试环节时，相信自我，抱着"我一定会成功"的心态。此外，要合理使用面试技巧，将自己的长处展现，更好地推销自己。

二是要正视社会现实。大学生要根据社会现状，正视社会，对症下药，在就业过程中，只有了解社会现状，才能更好地适应社会，进而使自身的潜能得到充分发挥，为社会发展做出贡献。

三是要积极融入新环境，以乐观的心态适应新岗位。大学生到了新工作单位后，首先就要端正心态，以积极的心态主动参加单位组织的各项活动，同时也要注意虚心学习，尊重同事和领导，团结他人，尽快适应新的生活环境、工作环境、人际环境。

四是要谨慎谦虚，胆大心细，在竞争中吸取更多的经验。刚参加工作的大学生们往往初生牛犊不怕虎，一方面志向高远，但另一方工作经验又不足，工作中难免会有不足。在大学生踏入工作岗位时，对领导、同事的善意批评一定要正确认识，摆正心态，虚心接受别人意见。也不要怕吃苦、吃亏，平时主动干一些诸如清扫卫生的小事，从这些小事做起，一步一个脚印，踏踏实实工作。但踏实不意味着不思进取，作为大学生也要有拼劲，要敢于竞争，有积极的竞争意识。这种竞争不是凭空想象，而是要从实际出发，充分考虑自己的性格、专业、爱好，发挥出自己的核心价值，扬长避短，成为不可替代的员工。

五是要积极调整择业期待度，把目光放长远。大学生在择业时，往往会由于期待度过高而导致失落，如职业地位、工作环境、工资收入不如预期等。这时，大学生应该做的是去调整期望值，放下思想包袱，认真、冷静地分析自我求职失败的原因，通过"分步达标"（先就业再择业）的办法，最终实现自己的愿望。

第四节　大学生网络安全管理

互联网技术在崛起和普及的同时，也给人类社会发展、生活、沟通等方面带来了翻天覆地的变化。网络作为一种媒介、一种工具，对于人类来说是一把双刃剑，它可以让我们不受时间空间的限制开阔视野，共享资源，探索奇妙的世界；它也可以危害人类的生命财产，侵蚀我们的灵魂。

大学生作为与网络接触最多的社会群体之一，获得网络时代带来的机会和便利的同时，由于自身成长经历和社会经验不足，其网络安全防范意识、不良信息识别能力、自我约束等能力都比较薄弱，这就导致一些大学生容易受到电信诈骗、不良借贷、非法交易等犯罪活动的危害，或是出现过分依赖网络的行为或现象，甚至造成性格孤僻，心理扭曲。因此，我们必须高度关注大学生网络安全问题。

一、网络不良信息概述

网络信息涉及国家政治、经济、军事、文化等诸多领域，其存储、传输和处理的许多信息是国家或个人的重要信息，其中涉及许多机密或敏感信息，因而不可避免地会引来各种网络安全问题，如信息窃取、数据篡改等。当前计算机和网络技术类型的犯罪量在不断攀升，严重影响社会的稳定，因此，人们越来越关注和重视网络信息安全。在我国，《中华人民共和国宪法》和全国人民代表大会常务委员会《关于维护互联网安全的决定》《互联网信息服务管理办法》以及其他法律法规明文禁止传播的各类信息均被认定为违法信息。我国一直以来都很重视对网络不良信息的防范和打击，并发布了一系列约束和规范网络不良信息的行政法规和部门规章。如国务院 1994 年发布的《中华人民共和国计算机信息系统安全保护条例》、1997 年发布的《中国互联网络域名注册暂行管理办法》等。

一般来说，我们可以将网络不良信息分为以下四种类型。

（一）违反法律类

违反法律类信息即违反相关法律法规要求，败坏社会道德或风气，并影响社会安定团结的相关信息。其涉及很多种类，大致包括淫秽、色情、暴力等低俗信息，赌博、犯罪等教唆信息，毒品、违禁药品、刀具枪械、窃听器、假证件、发票等管制品买卖信息，虚假股票、信用卡、彩票等诈骗信息，以及网络销赃等多方面内容。在违反法律类信息中最为突出的就是淫秽色情类低俗信息。

（二）违反道德类

违反道德类信息是指违背社会主义精神文明建设要求、违背中华民族优良文化传统与习惯以及其他违背社会公德的各类信息，具体表现为文字、图片和音频等形式。法律是最低标准的道德，道德是最高标准的法律。虽然一般情况下违反道德类信息仅违背一般的道德准则，仅会受到主流道德规范的谴责和约束，但是道德与法律密切相关，违反道德类信息一旦"过头"，会造成严重的后果和恶劣的影响，极易演变为违反法律类信息。

（三）破坏信息安全类

带有病毒、木马等高风险类信息，对访问者计算机构成安全威胁的信息均为破坏信息安全类信息。现在，各种木马盗号、挂马网站愈发猖獗，稍不留神便可能感染电脑病毒，轻者导致计算机罢工，重者可能会导致大面积网络瘫痪，严重威胁普通用户的互联网访问行为。

（四）破坏社会安定类

破坏社会安定类信息是指在以网络为依托，散布或传播的危害社会公共安全，造成社会恐慌和削弱政府公信力的信息。这类信息本身并不可信，一般来源于非权威渠道，经由传播者的"修饰"，促使公众"宁可信其有，不可信其无"。

二、大学生的认知现状

大学生对不良网络信息的关注度表现出多样化和结构性的特征，对明显违反道德和法律、破坏社会安定或者敏感性较强的政治类不良信息，大学生群体通常能做到自觉抵制或拒不参与，但是仍然存在辨识模糊或者盲目从众的现象。其中，对于政治议题的关注呈现出男多女少的结构特征；大学生对于凶杀、教唆犯罪等严重不良信息，表现出了一定的法制素养，能够自觉主动进行抵制；对于封建迷信、涉赌涉黄涉黑和某些违背中华传统价值观的边缘性信息，大学生群体表现出男女态度不一、有所区别的特点。但对于破坏信息安全类的不良信息，由于大学生的专业不同，很难辨识此类信息，大部分学生认为只要用了杀毒软件就可以预防病毒，因此，很多大学生对破坏信息安全类的不良信息的抵制能力较弱。

三、网络不良信息的传播方式

（一）通过网络游戏传播

网络游戏大多以刺激、暴力和血腥内容为主题，通常采用多方对垒、互相攻击等形式，游戏画面设计充斥着血腥和暴力因素，这些恰好满足了大学生群体好胜好斗和对英雄崇拜和模仿的心理需求。他们通过网络游戏体验当英雄的感觉，并在游戏中肆意宣泄自身的负面情绪和压力。

（二）通过电子邮件传播

作为网络的一项重要服务功能，电子邮件使人们的信息交流与沟通更加迅速和便捷，与此同时，大量的不良信息也通过电子邮件的方式被用户接收，如垃圾邮件、病毒邮件以及色情邮件等。大量的垃圾信息不仅浪费了用户的时间和金钱，更为严重的是，对个人用户来讲，很可能因为垃圾邮件占用过多物理存储空间而导致某些重要邮件丢失。

（三）通过聊天工具传播

微信、微博、QQ 是现代社会最常用的网络聊天工具，其提供的文字、语音、图片、视频等信息内容使得人们的沟通变得十分顺畅，发达的网络技术也让信息传输变得更加快捷、广泛，这也为不法分子传输各类不良信息提供了重要渠道。

（四）通过网络论坛传播

网络论坛是用户通过网络来交换信息的平台。随着人们的需求多元化和网络信息技术的进步，网络论坛在传统的交流沟通的功能之外又增加了软件下载、影视下载、视频聊天等功能。但是网络论坛、聊天室交流具有极强的匿名性，这一特性使发言者可以完美地隐藏和修饰自己，这种匿名性和随意性使虚假信息、淫秽色情信息、反动信息在网络论坛中肆意滋生和扩散。

（五）通过网上个人主页传播

在现今的网络世界，许多网站都通过提供免费的个人主页空间来吸引网民，而这也是绝大多数网民建立个人网站的重要途径，这时网上个人主页也有成为不良信息的发源地的可能。

四、网络不良信息对大学生的危害

（一）对大学生的政治思想造成危害

互联网这一虚拟世界虽然内容多样却也存在资源数量庞杂和良莠不齐的问题。许多国内外不法分子或是对社会不怀好意的群体或个人，经常借由网络任意散播反社会、反人类或反政府的恶劣言论，传播虚假信息、造谣惑众，对社会热点和敏感事件进行恶意炒作，故意歪曲事实，混淆视听，以此来达到误导舆论的目的；宣扬消极颓废甚至违法的思想言论。

（二）对大学生身心健康造成危害

对大学生群体而言，其正处于理想信念和价值观的形成时期，心理呈现出一定程度的不稳定性，是非辨别能力、心理承受能力和自我控制能力也比较弱，如果经常浏览含有暴力、凶杀、色情信息的网站，既容易损害身心健康又容易诱发犯罪。青年大学生通过正常途径获取一些性知识是有必要的，但是浏览色情网站、看色情信息是非常危险的。更可怕的是，一旦沉迷于网络色情，将难以自控，不仅不利于身心健康，而且有可能走上犯罪道路，葬送自己美好的前程。此外，向他人传播色情信息等不良信息既与社会的道德要求背道而驰，也违反了相关法律法规。公安部、中央宣传部、信息产业部等十部委从2007年起，在全国范围内组织开展"依法打击网络淫秽色情专项行动"，集中清理网上淫秽色情信息，关闭淫秽色情网站、栏目，关闭赌博、诈骗网站、栏目等。

（三）对大学生人身财产造成危害

在信息时代，大学生群体倾向于通过电信网络来进行信息沟通交流和休闲娱乐。但是，电信网络在满足大学生群体的学习、社交和生活需求的同时，也给了一些不法分子可乘之机，诱发了大量的电信网络安全问题，如电信网络诈骗等。近年来，这些电信网络诈骗的"目光"更是转向了大学生群体。相关调查显示，首先，多数大学生都遭遇过网络诈骗，多以垃圾邮件、垃圾短信、诈骗电话等途径传送诈骗信息。其次，女性大学生的受骗率高于男性大学生，主要是由于女性大学生的防范意识和警惕性相对较低，更加容易落入网络诈骗分子的圈套。最后，网络诈骗形式趋向多样化，如虚假中奖诈骗、冒充亲友或黑社会诈骗、代购诈骗、钓鱼网站、欠费诈骗、募捐诈骗等。

近年来，网络诈骗的犯罪方式呈现出多样化且更加便捷的特点。从统计数据来看，电信诈骗已经逐渐被犯罪分子所抛弃，取而代之的是利用互联网实施诈骗，这一过程中，中青年人群成为犯罪分子的首要目标，且这一群体中不乏大学教授、企业高管、商业明星等，在这一群体中，大学生由于自身社会经验不足、安全意识缺失等原因成为网络诈骗的重要目标。

五、大学生对网络不良信息的预防

大学生刚刚脱离单纯的高中校园，他们通常是初次离开父母独自生活，对社会中的各种新鲜事物充满好奇，但自身缺乏社会实践经验，对是非、善恶的甄别能力比较差，容易受到各种不良信息的侵袭，面对形形色色的不良信息，大学生该如何有效预防呢？

①大学生要文明上网。作为网络的使用者和消费者，大学生群体应依法文明上网，自觉遵守各项法律规范，规范和约束自身言行，增强自身的法制观念，不在网站、论坛、博客或其他社交软件上发表和传播违法的、格调低下的言论、图片、音频和视频信息。

②根据我国的传统道德和网络道德规范，大学生要主动树立正确的人生观、价值观，自尊、自爱、自律，使用网络文明用语，弘扬传统民族文化，坚决与不道德的行为做斗争，营造文明和谐、安全稳定的网络环境。

③不登录不良网站，为安全稳定的网络环境贡献力量，远离暴力、色情等不健康的信息，选择官方的、大型的、内容健康的网站。

④大学生应根据需要安装操作系统及应用软件，并合理地设置操作系统和应用软件的参数。对于使用次数较少的服务，最好将其设置为手动启动，这样

可以大大减少病毒入侵的机会。同时，大学生还要养成良好的操作习惯，如不要随意共享资源，不要将用户密码设置为简单易破解的数字，不要随便阅读来历不明的电子邮件等。

⑤使用防病毒软件与防火墙软件时，要将不良信息拒之于门外。倘若操作系统本身自带防火墙，最好启用防火墙。防火墙能限制网络中的各种访问，如 UDP（User Datagram Protocol）和 TCP（Transmission Control Protocol）端 IP 访问等，能将内部与外部隔离，切断病毒传播途径。但是检测与清除病毒还是要靠杀毒软件，在选择防病毒软件时，除了要考虑产品的功能强大之外，还要考虑防病毒软件厂商的资质、信誉、产品的售后服务和在线技术支持等。

⑥及时升级操作系统及相应软件的补丁。目前很多网络病毒都是利用操作系统或应用软件，因此，及时升级操作系统及应用软件的补丁，堵住漏洞是防治网络病毒的有效手段，但同时也要及时升级防病毒软件的病毒数据库，以保证对新型病毒的准确检测。

⑦备份重要数据。定期备份重要数据是一个很重要的补救措施，一旦机器感染病毒，重要数据就会丢失，有了数据备份则可将损失降到最低。

⑧大学生要及时了解最新病毒的动态，提高防范意识，根据其流行的特点，修改和完善防治措施。

⑨丰富自己的课余生活，培养积极、健康的爱好，参加具有丰富性、情趣性和创新性的课外活动，在活动中培养各种兴趣。

⑩选择服务好的网站申请电子邮箱，最好使用有服务保证的收费邮箱。可采用英文和数字的组合来给自己的邮箱取一个保护性强的用户名，尽量长一些，以避免垃圾邮件的骚扰。另外不要随便外泄自己的邮件地址，不要随便回复垃圾邮件，要学会使用远程邮箱管理功能、邮件管理过滤功能，还可借助反垃圾邮件的专门软件。

⑪在网上发现不良信息，或收到垃圾邮件，可向网络警察和网络管理人员求救，也可向公安的网监部门举报，但要注意保留不良信息的出处、IP 地址等信息。

⑫提防网络黑客。在人们眼中，黑客是一群聪明绝顶、精力旺盛的年轻人，一门心思地破译各种密码，以便偷偷地、未经允许地攻入政府、企业或他人的计算机系统，窥视他人的隐私。网络上的不安全因素非常多，但威胁最大的其实就是黑客攻击。作为一名经常与网络打交道的大学生，应当懂得一些基本的网络安全常识，防止不法分子入侵计算机系统、探寻隐私、盗取个人信息和重要资料，给自己带来损害。那么，大学生应采取哪些措施来保护自己呢？下面

是防止黑客入侵的基本方法。

一是学习和掌握必要的网络安全防范知识，增强网络安全防范意识。

二是关闭不必要或不了解的网络服务，不用电子邮件寄送密码，实现网络配置"用户权限最小化"。

三是积极采取防御措施。使用反黑客工具软件查找和预防黑客非法进入计算机网络，以防止黑客攻击。

四是警惕黑客利用信息安全的漏洞盗取重要的信息资源。不要轻易把自己的入网账号和密码告诉他人，并且密码设置不要过于简单，要经常更换，以防别有用心之人攻击你的计算机网络。

五是对网络采用防火墙技术实施内部网络与外部网络的隔离，消除来自外部的非法入侵者；最好配合防火墙技术对重要数据进行加密。

六是网络上的数据传送要采用加密形式，防止在数据传输中被盗取，网上下载的文件要经过杀毒扫描后再打开，不要随便在网上下载免费的软件。如需下载，尽量到官方网站下载。

七是重要数据必须及时备份，一旦系统遭到黑客攻击或窃取、篡改数据时，可及时恢复数据，把损失控制在最小范围内。

八是计算机操作过程中以及上网过程中产生的历史记录等要及时清理，以免不法分子窃取相关信息。

九是摄像头不用时最好与计算机断开连接，计算机关掉后要断掉电源，以防被黑客或被非法安装的自动程序打开。

十是加强网络管理，随时检查和及时监控，防止和杜绝未经授权者进入网络，严防黑客进行恶意破坏。

十一是一旦发现黑客入侵或被远程控制，应及时向公安机关报案。

第五节　大学生社交安全管理

人的存在意味着社会交往的存在。在现实生活中，良好的人际关系能缓解人与人之间的矛盾和隔阂，消除潜在的不良因素。大多数纠纷、冲突产生的原因是人际关系处理不当，如果人与人之间能够以礼相待、以诚相处，那么发生矛盾、冲突的概率将会大大降低。我国各类高校作为青年大学生生活的主要场所，应帮助青年学生学习和掌握一些必要的关于社会交往方面的理论知识及方法，这对大学生心理健康成长起着重要的不可或缺的作用。

一、人际关系概述

自人类社会形成以来，人就是群居性动物。在远古时代，没有他人帮助、扶持是很难生存的；在现代社会，没有团队协作、互相帮助是很难成功的。人际关系的处理是一种能力，可以折射出一个人的道德品质和心理素质。

（一）人际关系的概念

人际关系这个词是在 20 世纪初由美国人事管理协会率先提出的，也被称为人际关系论，1933 年由美国哈佛大学教授梅约创立。在此基础上，之后的 50 年中，各种关于人际关系的理论层出不穷。现今对人际关系的定义也因不同的学科而异，心理学将人际关系定义为人与人在交往中建立的直接的心理上的联系。笔者认为，人际关系是人与人交际的总称，也被称为"人际交往"，包括亲属关系、朋友关系、学友（同学）关系、师生关系、雇佣关系、战友关系、同事及领导与被领导关系等。人是社会性动物，每个个体均有其独特的思想、背景、生活态度、行为模式及价值观，同时人际关系很大程度上影响着每个人的情绪、生活、工作，甚至对组织氛围、组织管理、组织运作、组织效率及个人与组织之间的关系也有极大的影响。

从社会学的角度对人际关系进行界定，即两个或两个以上的个体通过各种媒介进行思想、行为的相互作用时所形成的相互关系的总和。人际关系存在于社会关系之中，与人们的社会实践活动密不可分，人们在不同社会实践活动中形成不同的人际关系。这个概念可以从三个方面理解：首先，人际关系体现了人与人互动交流过程中心理关系的协调度、融洽度和亲密度；其次，人际关系的三种心理组成分为认知、情感和行为；最后，人们的不断交往一定程度上促进了人际关系的建立和发展。

从人际关系的本质来看，主要包含以下内容：第一，人际关系的目标是要确保人生幸福、组织和谐、社会安定与世界大同；第二，建立良好人际关系的基础是从个人品德修养出发，按部就班，做好自我再推己及人；第三，人和环境之间互动，人际关系会因环境的改变而改变，因此人际关系的状况会受环境影响；第四，不同角色有不同的功能与态度，人在多变的环境中应先找准并定位自己的角色，再设定与之相符的人际关系；第五，人际关系的建立和维护需要遵从团体规则，此规则大略包含法律、礼节、道德、行为四方面的准则。

（二）人际关系的分类

按照标准的不同，人际关系的分类也有诸多不同。

以人际关系的纽带为标准，可以分为血缘、地缘、业缘关系。血缘关系是由婚姻或生育而产生的人际关系，如父母子女关系、兄弟姐妹关系，以及由此而派生的其他亲属关系。它是每一个人与生俱来的关系，在人类社会产生之初就已存在，是最早形成的一种社会关系。地缘关系则是指以地理位置为连接点的人际关系，由于在一定的地理范围内共同生活、活动而交往产生的人际关系，如同乡关系、邻里关系，故土观念、乡亲观念就是这种关系的反映。业缘关系是人们因职业或行业的活动需要而结成的人际关系，如行业内部的领导与被领导关系、上下级关系和同事、同级关系，行业外部的彼此合作关系、伙伴关系、竞争关系、制约关系等。

以人际关系的状态为标准，可以分为亲密和非亲密关系、利害与非利害关系、和谐与对立关系。亲密关系指的就是特殊的朋友，更加要好，更加融洽，彼此更依赖、信任，更加愿意倾听倾诉心里话的人际关系。而非亲密关系则与之相反。利害关系，顾名思义就是取决于利害的关系，利害关系无处不在，有利便有害，二者是一个不可分割的整体，二者不能被单独分割开来，他们是辩证统一的；非利害关系则与之对应。和谐关系指的是社交过程中人与人之间的和谐相处、互动产生的人际关系。对立关系中，人际交往主体都在既定的机会中寻求各自利益、地位的最大化，甚至不惜损害对方，从而形成对立。

以人际思想为标准，可以分为道德、法律、政治关系等。道德关系属于思想的社会关系，这种关系不仅是主观的，也是客观的。它的形成和维系都由人的道德价值观念支配，并以处于这种关系中的人们有无相同的道德价值观念为转移；同时，社会的经济关系也起着一定的决定作用，它所涉及的那种作为既定的社会法则的道德准则和道德活动，都不以个人意志为转移。法律关系是在法律规范调整社会关系的过程中形成的人与人之间相应的权利与义务关系，如企业与职工依法订立劳动合同后就构成了双方的劳动法律关系。法律关系的构成三要素是法律关系主体、法律关系内容（权利义务）和法律关系客体。政治关系指人们在社会生活中，基于特定的利益要求和利益关系而形成的，以政治强制力量和权利分配为特征的社会关系。它是政治角色之间的相互作用和影响，是现实政治的属性，也是一种客观存在，是阶级社会中人类政治活动的必然产物，社会的特定政治关系一经形成，就反过来制约人们的政治行为。

以人数的多少和规模的大小为标准，可以分为两人之间的关系，个人与群体、组织的关系，组织与组织的关系；以人际关系的基本倾向为标准，可以分为主动型和被动型的关系。

（三）人际关系的特点

社会主义市场经济的发展要求人际交往应当超越亲缘群体，人际交往范围的逐渐拓宽，极大地强化了人际关系的社会性，人们的交往心理也在不断地发生变化。归结起来，传统人际关系主要有以下特点：第一，个体性。在人际关系中，角色退居到次要地位，而对方是否是自己喜欢或愿意亲近的人成为人际关系的主要引导。第二，直接性。人际关系是人们在面对面的实际交往过程中形成的，参与交往的个体可真实地感受到它。人际关系的产生是需要直接的接触和交往的，它一经建立，肯定会被人们直接体验到。第三，情感性。人们相互间的情感活动是人际关系的基础，而且情感因素还是人际关系的主要成分。如果人们在心理上的距离比较近，那么他们会感到心情舒畅。人际关系中的情感有两类倾向：一类是使彼此相互接近和吸引的情感，另一类是由于矛盾而感到孤立和抑郁的情感。

上述针对人际关系特点的分析主要是就整个社会群体而言的，就现实情况而言，学生在进入大学后，学习压力骤减，他们迫切地想要"脱离书海"，融入社会，开始全新的社交旅程，结识更多的人，接受更多的思想，获得更多的信息。另外，网络技术的快速发展，极大地拉近了人与人之间的距离，为大学生的社交活动提供了方便和载体。在此背景下，网络越来越深入人们的工作和生活。大学生是网络用户群体的一个重要组成部分，通过网络，他们接触到了前所未有的广阔空间，更加有效地获取信息、学习知识、交流感情、了解社会。但与此同时，由于缺乏社会经验，对信息的鉴别能力、处理能力和自控能力不足，大学生在面对复杂的网络世界时，往往不能够合理地处理好相关问题。在上述心理作用和现实情况影响下，大学生的人际交往呈现出以下特点：

1. 开放性

进入大学，大学生脱离了管理森严的高中，交往范围扩大，交往频率增加，交往方式变多。在小学、初中的时候，他们的交往对象主要是家长、亲戚、同班同学、室友等；而进入大学之后交往的对象则主要是大学同学以及在社团活动、学生组织、科研实践中认识的形形色色的人，虽然交往主体仍然是学生，但已经不局限于同寝室、同班级的同学，而是发展到同级、同系、同校甚至是其他学校的学生。此外，交往也不仅仅局限于同性之间，异性之间的交往已成为一种常见的社交行为。相比初高中时期，大学生的交往频率也有大幅度提升，在初高中时由于学业压力大、老师盯得紧、家长管得严，同学之间虽然朝夕相处但交流却不多；进入大学之后，同学之间有各种社交活动，这些活动给大学生提供极为广阔的社交空间。交往手段也发生根本的变化，从以前的课堂纸条到现在的 QQ 消息，从以前的纸质书信到现在的电子邮件，从原来的互访、通信等转向现代化的通信设备等。交往工具、交往场所、交往手段的发展变化使大学生可以进行更方便更快捷的人际交往。交往范围也基本上摆脱了距离的限制，可以扩展到全国各地甚至国外。

2. 虚拟性

交往方式虚拟化、匿名化。基于网络技术发展起来的网络社交与现实当中的人际交往还存在着很大的不同，它是以"人—机—人"的虚拟模式完成的。由于存在着机器的遮掩，这种交往是否属于完整意义上的社交行为在学界尚有争议，然而不可否认的是，这种交往模式已经成为当代大学生的主要交往模式之一。网络信息传播技术模糊了虚拟世界各主体之间的界限，使人们以数字符号的形式在网上出现，从而掩盖了在现实交往中备受关注的性别、年龄、相貌、职业等个人特性，由此形成了虚拟社会中人与人交往的特有形式。人们在上网交际的过程中，不用担心暴露自己的真实姓名和真实身份。但是正因为如此，网络社交现在成为违法犯罪的重灾区。它本身的虚拟性、匿名性等特征给犯罪分子提供了可乘之机，因此间接导致了形形色色的社交违法犯罪行为，大学生则首当其冲地成为网络犯罪的主要受害群体。

3. 浅层化

交往的浅层化即交往有广度而缺少深度。当代大学生的社交活动虽然比较广泛，但由于很多大学生是独生子女，他们个性强、以自我为中心倾向重，在人际交往中往往小心翼翼，结交的朋友也多为"点头之交"。大学生对自己的社交能力和人际关系的评价普遍也不高，尽管心理上想主动与他人交往，并注重社交知识的学习，但实际效果却并不理想。这与大学生的社交目的趋于"理性化"有一定的关系，大学时期他们选择什么样的人交朋友，并不像初高中那样，只是单纯地出于情感上的志同道合。大学生交往的动机慢慢变得复杂，交往时越来越注重自身利益的相关性，从而出现人际交往中情感与利益并重的现象。

二、正确处理人际关系

正确处理人际关系，不是故意讨好，曲意逢迎，而是要对关系进行正确的认识。青年大学生社交范围广，为了能让自己学习生活得更愉快，有必要学会与周围的人建立良好的人际关系。

（一）影响人际关系的主要因素

影响人际关系的因素有很多，无法一一进行列举和叙述，这里选择了对人际关系有主要影响的因素进行具体阐述。

1. 认知偏差的影响

在人际交往中，如果没有正确的认知（即认知出现偏差），那么人与人之间就不能正常交往。认知偏差主要有两种：一种是对自我认知的偏差，另外一种是对他人认知的偏差。对自我认知的偏差也有两种，一是过高评价自己，孤芳自赏；二是自我评价过低，自轻自贱。如果对自我的认知产生不正确认识就会影响人际交往。一般地说，人们大都对自己拥有的财富感到不满足，却很容易看重自己的聪明。孤芳自赏者往往过高地评价自己，过分相信自己的聪明从而导致恃才傲物，对不如己者嗤之以鼻、恶语相向，以己之长量他人之短，以己之聪明衬他人之愚笨，或者对别人的行为和喜好不屑一顾，不屑与之交谈。如此待人，谁会与之交往？人们只会避而远之。高估自己会影响交际，自我贬低亦会如此。看不到自我的价值，自轻自贱，与人交往唯唯诺诺，认为自己这也不好，那也不行，缺乏主见，看别人眼色行事，见到上级点头哈腰，与同事交往，怕别人笑话，碰到邻里总赔着不是，与朋友相聚，总觉得自己低人一等，这些其实是自卑心理在作祟。自卑则无自信，无自信则轻视自己，轻视自己则行为畏首畏尾，神情黯淡，一脸怯懦，说话闪烁其词。这类自轻自贱者，其实是想以自己的行为来博取人们的同情，可事与愿违，人们往往更加不愿与之交往。

对他人的认知偏差包括三种：一是以貌取人；二是以成见待人；三是哗众取宠，缺乏主见，人云亦云，没有自己的性格特色。这三种认知偏差在人际交往中表现有所不同。以貌取人常表现为对人的第一印象，两个素未谋面的人初次见面所形成的印象即为第一印象。这种印象主要有对方的神情、姿态、身材、仪表仪容、年龄、服饰等方面的印象，它往往决定一个人对其他人的认知。社会心理学实验结果显示，人们更容易重视初次印象，往往不大注意或容易忽视后来获得的信息。如果第一印象好的话，就会对以后的信息起到掩饰作用，产生正向优先效应，认为此人各方面都不错，于是就会喜欢、信任并与之接近；反之，如果第一印象不好，则其缺点就会在以后的认知中受到更多重视，甚至把其优点也当作缺点，产生负向优先效应，对其行为总是感到不满意，于是排斥、疏远、嫌弃此人。这种只关注表面不注重内涵的认知倾向容易造成对人认知的失误，从而影响人与人之间的交往。日常生活中常有"久闻其名，未见其人"的事，这也可被认为是一种对人认知的偏差，可称之为以信息取人。在很多时候，交往双方在未开始交往时，双方或其中一方对另一方已经了解了一些信息，从而对对方产生一种先入为主的印象，也会造成认知上的偏差。人际交往中，正确认识他人也是在正确认识自己，知己知彼才能构建和谐的人际关系。同时也要正确认识双方交往的目的、内容和方法，否则交往最终也会中止。例如，交往动机不纯，为了达到某种私人目的而交往，一旦达到目的，交往活动也就随之终结。

2. 情绪失控造成人际交往的障碍

情绪是情感的外在表现，它是人际交往中极为重要的一部分，在交际过程中情绪常常被隐藏，它是一种心灵的无声交谈。交往中，若情绪状态不稳定，则会直接影响交际质量。例如，在取得某些成绩或被人羡慕的情况下，沾沾自喜，得意之色溢于言表，每遇他人唯恐别人不知，言语之中扬扬得意，表情眉飞色舞，甚至教导别人应该怎么样等，这样往往导致别人的反感而不愿与之交往。与人交往，得意忘形不会招人待见，因为没有人愿意与高傲狂妄的人合作共事。同样，失意忘形留给别人的印象也并不美好。我们难免会在生活中遇到种种困难、挫折、不幸，一个人若愁肠满腹，忧形于色，整天愁眉苦脸，那么人们会认为其过于脆弱，缺乏自制，给予他的只有怜悯或同情，而不会把他作为知己为他分担不幸。如果一个人遭遇到不公平对待就大发雷霆，迁怒于人，人们只会认为其浅薄，缺乏内涵，那么人们连怜悯或同情也不会给予他，他只会得到别人的蔑视，又何谈与人交往？情绪表达不知分寸同样也会影响交往，例如不分场合、不看对象、不知轻重恣意妄为，情感反应过分激烈，人们产生的印象就会是轻浮、狂妄或动机不纯等，让人对其顿生轻薄之感而不愿与其接近。反之，一个人若对喜、怒、哀、乐或对能引起情感共鸣的事无动于衷，反应冷淡，就会给人以冷漠无情的感觉。试想，一个人若永远是一副故作深沉、不谙世事的面孔，有谁愿意与你交往呢？生活中充满了矛盾，人们的交往活动同样如此。当交际活动中有了矛盾时，急躁不安，冲动行事，情绪失控，怒从心中起，恶向胆边生，剑拔弩张，如此态势只会恶化人际关系。

3. 态度对人际交往的影响

态度是人们对一定对象较一贯、较固定的综合性的心理反应倾向，它不是某种心理过程而是全部心理过程的具体表现，认知、情感、动机同时在其中起作用。态度形成于人际交往中，对人际交往也会产生影响。在人际交往中，态度会给交往一方造成心理压力，因为态度总是指向并倾注于某个对象，给人一种压迫感。如态度和蔼、真诚、坦荡，会给人以安全感，人们自然亲之近之；反之，态度圆滑、缺乏诚意、狂妄会使人有危机感，人们当然疏远。有的人在别人面前表现出自以为是的态度，对别人轻而视之，即使有求于人也表现出一副考验别人的架势，长此以往，只会让人反感。有的人则缺乏真诚，如评价别人一味吹捧、阿谀奉承，极尽吹拍之能事，或者当面一套，背后一套，只会让人感觉虚伪。有的人只喜欢听好话，对批评、建议不屑一听，甚至不满，以这样的态度交往，长此以往，别人唯恐避之不及，谁还敢与你接近，更别说交往。人与人之间由于家庭、环境、教育等因素不同而存在种种差异，在人际交往中，若对文化、身份、地位低的人持轻视或看不起的态度，这只会导致相互间的隔阂与对立。事实上，如果一个人看不起别人，也一定会被人看不起甚至遭人唾弃。每个人都有自己的生活方式、行为习惯，这并非是缺点或不足，当你不喜欢别人的行为方式和习惯时，大可不必表示鄙夷，留一点心灵的空间，容纳别人，善待别人，你得到的不仅是朋友，还有精神上的愉悦，因为你对别人表示了理解。

4. 语言对人际交往的影响

人际交往中，语言是最经常使用的、最基本的手段，语音方面的差异、语义上的歧义或语言结构的不当会对人际交往产生障碍。历史的影响、地域的差异和民族传统的不同导致了语言差异的产生，即各地均有自己的方言。如果我们在交际中都使用自己的方言，那么轻则产生语言误会，重则影响交际甚至引起纠葛。语义即词语的含义，如果在交际中语义不明或语义含混，那么就不能正确地传达信息，从而使人产生误解，造成交际上的障碍。例如，有位民警在公共场所执勤，看到有人把猪肠子挂在栏杆上，便大声喊道："谁的肠子？这是谁的肠子？"喊了几声后，一位姑娘涨红着脸说："别喊了，东西是我的。"民警又说："你怎么把自己的肠子挂在栏杆上？影响城市环境，罚款！"周围的人一阵哄笑，姑娘由羞变怒，反唇相讥："你这人怎么讲话的？这是猪肠子。你肚里能长出猪肠子来？你语言不文明，更应该罚款。"由此可见，语义歧义产生的误导作用有多大。同样，语言结构不恰当或句子有语病也会给人际交往带来困扰。如交往一方对另一方说："你的意见我基本上完全同意，就是有一点有待商榷。"这让对方不可理解：是不完全还是完全？是完全同意还是不完全同意？在交际的过程中，语言的表达对交际也是有明显影响的。如有的人说话带刺，出语尖酸刻薄，或者冷言冷语；有的人说话喜欢用反诘语言等。这样的说话方式常常会引起人们的反感，要是遇上那种特别在意这些的人，还会带来口角甚至不良后果。纵使再是"豆腐心"，一张"刀子嘴"也很难与别人建立良好的人际关系。

5. 个性对人际交往的影响

个性，在心理学中又被称之为人格，是指在一定的社会历史条件下的具体个人所具有的意识倾向性以及经常出现的较稳定的心理特征的总和，包括一个人的性格、气质、能力、兴趣爱好、思想信念、世界观等。每个人都有自己独特的个性，人际交往也受到它的影响。在交往中，人们往往喜欢与热情、诚实、高尚、正直、友好、讨人喜欢的人交往；相反，人们往往不喜欢与那些冷酷、虚伪、自私、奸诈、卑劣的人交往。对于一个诚实正派、心诚意善的人和一个口是心非、阳奉阴违、无中生有、嫉妒诽谤、搬弄是非的人，人们显然更愿意与前者结交。由此可见，良好的个性品质有助于建立和谐的人际关系，不良的个性品质则会影响人与人正常的交往。但是，人们在性情、志趣等方面的个性差异是不是没有共同之处呢？答案是否定的。例如，两个人有着共同的文学爱好，然而性格特点相左，如果在交往中以共同的爱好为基础，把彼此相左的性格特点放到次要位置，求同存异，那么交往双方就会感到愉悦，甚至会随着彼此的相融而成为知己。如果双方在个性品质上相互指责计较，那么就会使交往双方关系僵化，甚至反目成仇。

（二）正确处理人际关系

1. 正确处理人际关系的原则

青年大学生的成长成才，需要在人际交往中，一颦一笑、举手投足，都体现着个人的素质与修养。大学生需要树立正确的交际观，提高自身的交往能力，真正学会如何与人交往。人的生活离不开交往，而交往离不开正确的处理人际关系，正确处理人际关系需要遵循以下原则。

（1）诚信原则

首先，要诚恳。俗话说："心诚则灵。"如果你对对方心笃意诚，言情真切，那么对方才可能相信你并且接纳你，同样用心与你相待；相反的，如果你是一个虚情假意，甚至喜欢要手腕、弄圈套的人，那么对方便会因为你的不可靠而即便有话也不愿直说，有事也不敢相托。这样你们之间就是"事事皆虚"的一种状态，什么事情也做不成，什么话也说不成，还怎么说得上交往。其次，要守信，即做事要讲信用。要做到守信，一是忌轻诺，即在无把握的情况下轻易许诺。不然的话，不仅办不了自己许诺的，还会失信于人，甚至有可能会耽误别人的事。二是力践承诺，既然已经说出来了，那么一定要尽自己的全力去办到。中国有句格言："待人以诚而去其诈。"这应是人际交往和彼此相处的最佳原则。

（2）理解原则

理解就是要体会并了解别人需要的是什么，明白别人言行的原因和目的，并且主动地去满足他人合理的需要，鼓励、支持和认可他人在生活和言行中值得肯定的部分。首先，要理解人类的相似性，我们身边的每一个人都生活在地球上，都具有自然属性和社会属性。我们的愿望和需求都或多或少的有一定的相似之处，所以遇见事情的时候，我们应当设身处地地为他人想一想，正所谓"己所不欲，勿施于人"。其次，要理解人类的多样性。即便我们之间存在着相似性，但由于先天遗传以及后天环境都有所不同，每个人无论是外在还是内在都会有一定差异。从气质、性格、文化修养到生活方式、价值取向、思想品德都表现出多样性。这就要求我们要学会用更为开阔的眼光来认识并了解我们周围的人，只有先正确看待差异才能正确对待差异。最后，理解人类的相互依赖性。从某种意义上讲，在大千世界之中我们能够相遇，并且在同一所学校学习和生活，这未尝不是一种缘分。我们每个人都应该珍惜这种难得的缘分，既对我们的相遇心存感激，又能主动承担起需要对别人付出的责任，对待朋友、同学多一些热情和关爱；不能太自以为是、目无他人，甚至因为一点小事就怒目相对、大打出手、水火不容。

（3）平等原则

在人与人的交往中少不了会有付出和投入，但是我们不能认为别人的付出是应该的，我们需要善待别人的付出并且予以回报。在人际交往中每个人的身份是平等的，不能因为家庭背景的好坏、相貌的美丑和学习成绩的高低而区别对待。

（4）相容原则

前面已经提到了每个人都是有所差异的，在此前的人生中一些习惯已经养成，很难再做出改变，我们应该学会心里相容，当然这里讲的习惯不是不良嗜好。想要做到心里相容，最主要也是最重要的方式就是增加交往频率，寻找共同点，做到谦虚和宽容。为人处世要心胸开阔，宽以待人。

2. 正确处理人际关系的方法

（1）学会倾听

倾听是交流的前提，一个优秀的交流者一定会是一个优秀的倾听者。对于青少年来说，学会倾听，就是要学会在与人交谈的时候，克服浮躁之气和轻慢之举，认真而仔细地听取别人的讲话。神情专注，眼光集中在对方的面部，必要时做出回应，也可以加上上身略微前倾等形体动作的配合，表示十分重视对方的谈话。这不仅会给人留下一个很好的印象，还会因为提高了他人的自尊心，而更有助于建立一个良好的人际关系。

（2）学会说话

如果说"倾听"是一种接受，是在诚恳和耐心中显示态度，那么，"说话"就是一种表达，这种行为是在真诚和热情中显示风度。因此，倾听的态度需要一种修炼来维系，说话的风度则更多地需要一种素养来呵护。

为什么说话与人的素养有关呢？从表面上来看，说话时的神情、语态、行为举止仅仅显示出一个人的习惯或者是个性特征，但之所以有人表现得沉稳，有人表现得急躁；有人表现得豁达，有人表现得拘谨；有人表现得礼貌，有人表现得随便，实质上是取决于一个人的教养和文明程度的。再者，由于说话的对象、场合、内容各有差异，也应根据具体情况需要适时而恰当地做出调整。所以，对初涉人世的青少年来说，学会说话与学会共处二者相辅相成、密不可分，学会说话是学会与人共处的关键要素。

（3）学会尊重

这里的尊重主要是指尊重私人空间和公共领域。首先，私人空间是不能随意闯入的，就像进自己家的门不必敲门，进别人的家必须敲门一样。因为每个个体不仅是独立的，即有独立的生存权利、独立的生活方式、独立的个性意志；而且都还有部分不愿显露、不愿告人的隐秘，以致每个个体都会本能地保护着这个自我空间。因此，在日常的人际交往中，注意尊重他人的私人空间，这是与人共处的重要原则之一，也是现代文明人的重要素质之一。

第四章　大学生学习管理

本章将分别从大学生智力水平与学习管理、大学生思维特点与学习管理、大学生人格特点与学习管理、大学生动机发展特点与学习管理以及大学生学习的自我管理五个方面对大学生学习管理进行研究与阐述。

第一节　大学生智力水平与学习管理

一、智力发展的一般趋势

个体智力的发展不是等速的，一般是先快后慢，到了一定年龄则停止增长，然后随着人的衰老，智力开始逐渐下降。

许多研究都表明，人出生后的前几年是智力发展最快的时期。有些心理学家认为，幼儿期是智力发展的关键期，这个阶段的儿童，在良好的环境和教育影响下，智力发展得特别迅速。心理学家平特纳指出，从出生到 5 岁是人的智力发展最迅速的时期；从 5 岁到 10 岁，发展虽没有如此之快，但仍旧在发展；再过 5 年，发展就逐渐减慢。美国心理学家布卢姆认为，人出生后的前 4 年智力发展最快。瑞士心理学家皮亚杰也认为，从出生到 4 岁是人的智力发展的决定性时期。美国心理学家布鲁纳经过多年研究，也认为从出生到 5 岁是人的智力发展最快的时期。

有些心理学家认为：人的智力发展的限度是 14～16 岁，但近年来的许多研究都否定了这种看法。当代的一些研究表明，人即使到了老年，智力还可能有所增长，只是这种增长只限于智力的某一个方面，而且增长比较缓慢。朱智贤教授指出，关于人的智力的发展限度问题，目前还无十分可靠而一致的结果，但有一点似乎是清楚的：人到 18 岁左右，智力已达到成熟时期（与成人接近）。在此以后，随着知识经验的增加，总的智力能量虽然不会有显著增长，但某一方面的智力可能还是会增长。到了一定年龄阶段之后，随着身体机能的下降，人的智力也会有所衰退。通常是身体健康、勤奋、参加体力和脑力劳动的人，智力的衰退较慢，体弱特别是神经系统和脑部有疾病的人，智力衰退迅速。布卢姆等人的一项研究表明：言语能力通常在 80 岁时只稍有衰退，在 90 岁时也只有中等程度的衰退，而有些智力在 80 ～ 90 岁时还在继续增长。后来，德国的解剖学家赫伯特·豪格对 160 名 20 ～ 111 岁的尸体进行研究，发现大脑的神经细胞几乎不随年龄的增长而衰亡，只是细胞体的缩小，这种缩小一般在 60 岁以后开始，90 岁前只缩小 7% ～ 8%。

许多心理学家对智力发展趋势进行研究，得出的主要结论有：

① 1970 年贝利采用纵向研究法，使用贝利婴儿发育量表、斯坦福 – 比奈智力量表和韦克斯勒成人智力量表，对不同年龄（从出生到 36 岁）的智力进行测量。研究显示，童年期和少年期是某些智力成分发展最重要的时期。从三四岁到十二三岁，智力的发展与年龄的增长几乎等速。以后随着年龄的增长，智力发展趋于缓和。

②个体的智力在 18 ～ 25 岁达到顶峰（也有人说到 40 岁），智力的不同成分达到顶峰的时间是不同的。

③成年是人生最漫长的时期，也是能力发展最稳定的时期。成年期又是工作时期，在 25 ～ 40 岁，人们常出现富有创造性的活动。

④智力发展的趋势存在个体差异。智力高的发展快，达到高峰的时间晚，智力低的发展慢，达到高峰的时间早。

二、大学生智力的特点

当代大学生，其特殊的年龄阶段（智力发展高峰期）和特殊的环境（大学校园），决定了他们智力发展的特点和规律。

一方面，进入大学阶段，一个人的智力便迅速发展到了高峰期。有众多的研究证明，人类智力的发展一般是随着年龄的增长呈上升趋势的，而到了一定的年龄，发展速度就会减慢，青年时期是智力发展的成熟阶段。韦克斯勒研究发现，22 ～ 25 岁为人的智力发展高峰期，然后相对稳定下来；桑代克及我国学者周先庚的研究也发现，人的智力及学习能力在 23 岁左右达到高峰。而大学生大都处于 20 ～ 25 岁的年龄阶段，正处于智力发展的高峰期，正是挖掘其智能潜力的好时机。

另一方面，大学生所处的环境与中小学生相比，发生了巨大的变化。大学生的环境相对宽松，让他们有了更广阔的空间和自由去发展自己的兴趣爱好，特别是在今天电子网络技术高度发达的社会环境下，更是增加了他们接触各类事物的可能性，也增加了大学生智力发展的差异性。大学生的学习也与中小学完全不同，他们需要的不再是像中小学生一样拼命地往脑子里装"知识"，而是在广泛涉猎的基础上，注重能力的培养和提高，这使大学生的智力发展受到了前所未有的挑战，也使他们的智力发展具有了与中小学不同的特点和规律。

这里主要讨论一下大学生智力的重要组成部分，即观察力、注意力、记忆力、思维力、想象力等的发展特点。

（一）观察力特点

大学生正处青年阶段，由于抽象思维能力和认知水平的进一步发展，这一时期的观察力水平与少年时相比有了很大的提高，主要表现为以下几个特点。

1. 知觉能力达到成熟水平

大学生知觉能力已高度发展，其中知觉的理解性在学习过程中起着重要作用。大学生根据自己已有的知识和经验，对所感知的事物和材料进行加工改组，并用概念的形式把它们标示出来，从而通过理解，更深刻地感知材料，学习新知识。

2. 观察具有明确的目的性

大学生对周围事物的观察较少有盲目性，他们能从观察的目的出发，根据观察的事实，得出客观的结论。在学习活动中，大学生观察的目的主要集中在两个方面：一是对迄今为止未知或者是没有阐明的事情，通过观察获得新知识或是发现新问题；二是根据大量观察到的事情，判断和检验某一理论的正确性，进行知识填充。

3. 观察具有敏感性和系统性

大学生对周围的事物，尤其是对那些新事物、新知识，比较敏感，反应很迅速，表现出强烈的求知欲和探索精神，善于接受新事物、发现新问题。同时，大学生通常能根据观察的对象，计划观察的程序和步骤，预先估计观察过程中可能会出现的问题和变化，并且能选择较合理、有效的观察方式和方法。因此，他们的观察往往速度快、准确率高。

4. 观察具有相对的深刻性和稳定性

和中小学生相比，大学生的观察表现得比较深刻而稳定。他们在抽象逻辑思维的参与下，在反复悉心观察的基础上，能够透过纷繁复杂的表面现象，洞察事物的本质和规律，能把握事物之间的联系。

5. 观察具有个体差异性

大学生在观察方面，有的视觉能力强，有的则听觉或是嗅觉过人；有的属于精细型，有的则属于粗略型。因此，这种个体差异性，让不同类型的学生精于不同方面的观察。

（二）注意力特点

大学生的注意力与中学生相比，已有明显的不同，主要表现为以下几个特点。

1. 注意力的指向性更主动明确

注意力的指向性是指在某一瞬间，人的心理活动选择了所要注意的对象这一特征。心理学研究表明，人的心理活动在某一时刻不能同时指向一切事物，而是有选择地指向某些特定的事物。如上课时学生的心理活动选择了听课，而非周围同学的谈话、窗外小鸟的歌唱，因此他就会对老师讲课的内容印象深刻，而对周围同学的谈话、窗外小鸟的歌唱无清晰的印象。大学生随着年龄的增长、知识的积累、阅历的丰富、视野的开阔，其学习的目的性更明确，自制能力更强，能主动自觉地调节和控制自己的注意力，逐渐摆脱了学习单纯凭兴趣的影响，比较清醒地知道在学习中应该注意什么，不该注意什么。

2. 注意力的集中性有了明显的提高

注意力的集中性是指心理活动停留在注意对象上的强度或紧张度。当人的心理活动集中于所注意对象的同时，也就离开了其他无关的事物，抑制了无关的活动，使周围其他无关的事物或活动处于"视而不见，听而不闻"的境地。大学生注意力的集中性比中学生有了明显的提高，尤其是对那些抽象的公式、定义和枯燥乏味的内容，也能主动地集中注意力，他们对学习活动的目的和内容也更为关注。

3. 注意力的品质得到进一步发展

注意力的品质包括注意的范围、注意的稳定性、注意的分配和转移。大学生的注意力品质较中学生有了进一步的发展，更加趋于协调。当前大学生的注意范围已达到一般成年人的水平。由于大学生的自我控制能力相对要强些，所以其注意力的稳定性也相对较高。与中学生相比，大学生有较强的学习自主性，分配注意力的能力也较强，大学生的注意力转移相对自觉和灵活，能根据学习任务的不同及学习内容的变化及时地转移自己的注意力。

（三）记忆力特点

大学生随着年龄的增长，生理和心理机能的发展，记忆力水平有了显著提高，进入了记忆的黄金时期，其特点主要有以下几个方面。

1. 逻辑记忆能力得到显著提高

大学生所学课程门类繁多，教材内容较抽象深奥，学习质量的标准提高，在这种客观的高标准、高要求下，大学生的逻辑记忆能力也高度发展起来。具体表现在：能充分理解所学材料的意义和实质，能在"不但知其然而且知其所以然"的前提下进行记忆；能对所学习的内容进行分析综合，并选择最有意义的、最有价值的新知识；能把所学的新知识纳入自己原有的知识经验体系之中，经过思维的参与和加工，按合理的逻辑结构，系统地、完整地储存起来。

2. 各种记忆品质得到全面发展

由于大学生正处于学习记忆的最佳年龄阶段，是记忆能力发展的黄金时期，因此他们记忆的敏捷性、精确性、持久性等各种品质全面地发展起来，尤其是记忆的敏捷性和精确性品质得到了突出的发展。可以说，大学生的记忆不仅速度快、容量大、持久性好，而且精确、完整，是人的记忆力快速成熟的时期。

3. 掌握各种有效的记忆方法

大学生随着各种认知能力的提高和知识经验的积累，并经过自己的亲身实践学习掌握了一些实用而有效的记忆方法，如纲要法、解意法、序列法、联想法、谐音法等。

（四）思维力特点

因为大学生接受了多年的正规教育，生理、心理各方面趋于成熟，所以大学生的思维无论从深度上，还是从广度上都得到了很好的发展，其思维水平总体上已臻完善，具体表现在以下几个方面。

1. 大学生的思维具有相当的广度和深度

大学生不再像中小学生那样，把思考的触角只指向具体的一切近的事物，而是指向所有问题，特别是对一些比较抽象的问题，如社会问题、思想问题等。很多大学生对诸如政治、经济、文化、精神、朋友、家庭、道德、宗教、犯罪、民族、国际关系、风俗习惯等方面有着不同程度的思考。大学生思考的问题不仅范围广，而且思路宽，对同一事物或问题能从不同的角度进行思考。大学生的思维不仅有相当的广度，同时也有一定的深度。他们看问题时，已不再满足于对事物表面的理解，而是努力探索，洞察事物的内在本质，以便能知其然更知其所以然。在思考问题的过程中，往往能利用自己所学的专业知识，为自己的见解寻找科学依据。

2. 理论思维水平不断发展

理论思维不同于经验思维，经验思维是指在缺乏理论的指导下凭直接经验进行的抽象与概括；理论思维则是从一般的理论、原则出发，进行推理，做出论证、判断的思维。理论思维能使人们利用已有的知识和经验去理解或发现新事物，也可以让人们在理论上进行探讨，而不必事事经历。大学生由于在学习专业时已养成了运用理论思维的习惯，初步掌握了形式逻辑及辩证逻辑。他们不仅能对客观事物的本质进行了解，还能运用辩证思维认识事物发展的规律，对事物的因果关系能进行积极的探索和理解，在对事物分析的过程中，能以时间、地点、条件为转移，而不以固定格式进行分析和解决。

3. 大学生思维具有鲜明的独立性和批判性

大学生不再像中小学生一样盲目地接受书本，他们喜欢探求事物的根源，喜欢怀疑和争论，其思维的独立性和批判性得到了很大发展。在中小学，很少会有学生对书本知识产生怀疑。大学生则不然，他们不肯盲目服从，人云亦云，而是保留自己的意见和想法，对自己的意见和想法反复研究，努力找出科学依据。当某种想法得到周围人的支持或被证实，就会更加自信，更加愿意独立思考；而当某种想法受到他人的否定之后，他们也会分析失败的原因，进行反省和自我批评。

4. 大学生思维的创造性得到了快速发展

由于大学生积累了一定的知识经验，能够进行独立思考，而且他们受传统思维的束缚较少，对新事物接受较快，反应较敏捷，还富于想象，敢于求异、求新，所以他们往往会提出一些新颖的、独创的、深刻的设想或见解，从而有所发现和创造，这就使他们在思维上表现出更多的创造性。

（五）想象力特点

随着年龄的增长、知识的积累、环境的变化、交际面的增加和思维的深化，大学生的想象能力也有了一定的发展和提高，其主要特点有以下几个方面。

1. 具有丰富性和深刻性

从想象内容看，大学生已不再局限于就事论事的想象，而是能利用知识从不同的角度、不同的侧面、不同的空间对事物进行想象。另外，大学生在想象过程中，可以对所解决的问题有进一步的认识，反过来又用这种认识指导想象，向更深层次进行，这样不断反复深化，直到问题的解决。

2. 有意想象占主导地位

由于大学生的学习是有目的、有意识的行为，有较明确的学习目标，因而其在学习中的想象也大部分都是有目的、有意识的想象，尤其是再造想象更趋于完善和精确。

大学生的理论知识，主要是通过教师的语言、板书和图表的表达及教材的描写，再经过自己头脑的再造想象而获取的，即使是一些实践性很强的操作技能，除了观察和动手练习外，仍需要借助再造想象才能牢固地掌握。又由于大学阶段对学习的要求较高，学习内容广泛，专业性强，使大学生的思维日趋严谨，对语言文字及图表符号的理解日趋准确，头脑中储存的事物表象也日渐丰富，再造想象不断完善。另外，大学生创造性想象也有很大的发展。随着年龄的增长，知识结构不断完善，大学生富有创造性的想象越来越多，独立意识、创造意识明显增强。

3. 关注理想与现实的结合

随着人生经验的积累，思想的日渐成熟，大学生越来越关注将自己的理想与现实相结合，知道要实现自己的理想是需要付出辛勤的劳动和艰苦的努力的。他们能根据现实情况的变化和个人的能力不断做出正确的判断，完善自己的理想，调整努力的方向，同时也在理想精神力量的鼓舞下不断努力进取，使自己的现实更接近于理想。

三、智力与学习绩效

自从智力测验诞生以来，心理学家便致力于发现儿童的 IQ（智商）数与学习成绩之间的关系，他们就 IQ 分数和学业成绩之间的相关性进行了大量的统计分析。一致的结论是：IQ 与学业成绩存在中等程度的相关，其相关系数在小学阶段为 0.6～0.7，在中学阶段为 0.5～0.6，在大学阶段为 0.4～0.5。

IQ 分数与学业成绩有中等程度的相关这一点表明，智力是影响学习的一个重要因素，也就是说，学生的 IQ 分数越高，一般学习成绩越好。但 IQ 并不是影响学习的唯一因素，学习动机、家庭环境、父母的期望、教师素质等因素同样会影响学生的学习成绩。

在我们的生活中常常会出现以下两种情况：某些学生在智力测验上得高分，然而在学业成绩上较差，但是也有些学生在智力测验上得分低，而学业成绩却很不错。在西方教育心理学中，分别称这两类学生为"学习成绩不良者"（Underachiever），以及"学习成绩优良者"（Overachiever）。这说明，智力并不是学习成绩的唯一决定因素。所以无论智力高低，都有可能取得好的学习成绩，当然也有可能取得不好的学习成绩。

研究表明，学生的智力水平不仅影响他们的学习速度，而且也影响他们的学习质量。智力水平高的学生一般学习速度快，容易学会解决问题的方法，易于自行纠正错误和验证答案，较多使用逻辑推理，他们的学习方法更有效，也较能持久地学习。

第二节　大学生思维特点与学习管理

一、大学生的思维特点

从思维发展的类型与阶段来看，大学生的思维已经由青年初期的思维形式向青年中期的思维形式过渡，其特点表现在以下几个方面：

（一）思维灵活、广阔

大学生的生活和实践范围扩大，知识经验也随之增多，他们思维的灵活性和广阔性也随之增强。具体表现为思想活跃、不肯墨守成规、对新事物和新知识有着强烈的求知欲、容易接受新事物。在日常生活中，大学生考虑问题时，能从现实状况出发，也能兼顾过去以及将来可能出现的情况；了解问题比较全面，注意细节，避免遗漏。

（二）思维独立，富于批判性

随着年龄的增长和自身经验的积累，大学生改变过去过于依赖教师、成年人和"权威"的被动思维方式，逐渐喜欢独立地寻求问题的答案和事物发展的原因和规律。特别是在专业学习中，时常可以发现，大学生不盲从书本和教师，也不轻信教师的权威性意见，往往采取主动、独立和批判的方式去思考问题，敢于提出个人意见，敢于和专业教师进行学术争论。

（三）思维富于创造性

大学生处于青春发育期的末期，身心都发生了巨大变化，个性较为成熟、智力发展较高、想象力十分丰富，加上强烈的求知欲和对科学知识的兴趣，他们的思维表现出的创造性成分较多。他们在学习和生活中，有着强烈的创造动机，喜欢追求新的事物，喜爱钻研新的解决问题的方法。在自身实践中，大学生敢于查证，敢于质疑，敢于创新。

大学生的思维并不是完美的，虽然大学生的平均智力水平要比社会同龄青年的水平高，但在思维特点上，大学生也存在一些缺陷。比如，大学生独立性强，自信心十足的同时，也容易自信过头、自以为是。大学生思维在富于创造性的同时，也会出现怀疑一切、轻易否定的倾向，甚至因为怀疑而对事情下定论。这种"怀疑"倾向可能演变成"谁都不信，只信自己"的极端，盲目怀疑周围的一切。

二、思维与语言

思维是人区别于动物的根本标志之一，人类的语言能力同样也是区别于其他动物的主要因素之一，是人类最重要的能力之一。语言是一种社会现象，是人类发展的必然产物。语言同样是人类发展的重要标志之一，人之所以与动物的思维有根本的区别，是因为人借助语言，可以对客观事物进行概括增进间接的认识，是认识的高级形式。语言的发展遵循着一定的发展阶段和规律，它促进了思维的发展，思维的发展反过来对语言的发展产生重要的影响，两者是相互依存、相互促进的关系。

（一）思维是语言的动机和基础

在语言产生之前，思维就已经存在。在早期人类发展中，为了提高生存概率，相互间需要更多的交流与沟通。同时，随着生产力水平的不断发展，人们对外界事物的认知水平不断提高，对语言和文字产生了需要，为了实现这个目的，满足这种需要，一种大家都认可的符号系统——语言便产生了。所以，思维是语言产生的基础和动机。文字的产生和发展是语言发展的重要基础，而文字的创造过程也是思维的过程，从最简单的符号型文字（如草结、划痕、图案等）到楔形字、象形字、音标字再到词义的解释、词类的组合、语句的形成和发展等，都是思维作用的结果。因此，人类是先有思维，然后再创造文字和语言的。

（二）语言是思维的工具

任何一种语言都由一定的词和语法规则组成，是一种被绝大多数或全体社会成员所接受的符号系统。在生活中，人类的思维过程都离不开语言，语言是记载和交流思维过程、思维成果的重要工具。语言之所以成为思维的工具，和语言内容的概括性、物质性有关。比如，语言中的词汇本身就是对同一类事物的概括。"灯"一字就概括了所有"可以照明"的工具，而这个字作为语言的形式，就承载着人类对所有属于灯具的物品的概括。语言的物质性也是其成为思维工具的原因，人类的语言可以以一定的感知觉感受得到的形式存在。例如，我们的书本、录像带，都用看得见的文字和图形，听得到的声音将人类的思维成果固定下来，代表一定的具体事物，成为引起人们思维的刺激源。

（三）思维与语言存在区别

思维是一种精神现象，现实生活中不可能用感觉器官去感知它的存在，而语言是一种物质现象，我们的感觉器官可以听得到、看得到。思维作为大脑的心理活动，它的基本单位是概念，它的规律具有全人类性，不存在民族差异。语言则不同，它是有声有形的，可能只适用于某一个民族而不适用于其他民族，因此，就出现了数千种语言，表达同一种思想的现象。而且，特别值得注意的是，语言并不是思维唯一的工具，哑巴的思维过程可以用其他方式表达出来，比如打手势、面部表情、肢体动作等。

三、思维规律与学习

（一）良好思维的品质

人的思维能力存在着明显的个别差异。人的思维主要受先天遗传、后天环境、教育背景、自身主观努力等诸多因素的影响，而这些因素又各不相同，因而人的思维也具有很大差异。人与人之间的思维差异主要通过思维品质表现出来。思维品质是众多学者普遍接受的衡量思维能力的标准，也是大学生客观认识自己思维特点的几个标准。

1. 思维的深刻性和广阔性

思维的深刻性是指善于通过纷繁复杂的表面现象发现问题的本质。思维的深刻性突出的人，往往不满足于只认识事物的表面现象，而是要求自己能透过现象抓住事物的本质和规律，揭露事物发生和发展的原因，预见事物发展的进程和结果。在思维的深刻性方面，一般来说，那些好学深思、不耻下问的学生，思维是深刻的；而那些不求甚解的学生，他们的思维则比较肤浅。

思维的广阔性是指善于全面地考察问题，从事物的多种多样的联系和关系中去认识事物，既全面把握事物的整体及基本特征，又重视分析事物的细节和特殊因素。思维广阔的人能够避免对问题认识的片面性和狭隘性，他们不仅能把握事物的整体，抓住事物的基本特征，而且不忽略重要的细节和特殊的因素。思维的广阔性是以丰富的知识经验为依据的。

思维的深刻性和广阔性是相互联系的。人们要深刻认识事物的本质，就必须依照各种事物普遍联系和相互制约的特点，全面地去考察事物；反过来，掌握了事物的本质与普遍规律，同时也会使考虑问题的广度扩大。

2. 思维的独立性和批判性

思维的独立性是指善于独立发现问题、分析问题和创造性地解决问题，不拘泥于现成的答案，不易受别人的暗示和影响。独立性优越的学生善于思考，不轻易主动要求依赖别人的帮助，也不寄希望于现在的答案，喜欢独立地、创造性地解决问题。

思维的批判性是指善于冷静地思考问题，对别人的意见和结论，既不人云亦云，也不自以为是，而是经过自己客观、辩证地分析和判断再决定取舍，对于自己的思维成果，也善于自我批评。具有思维的批判性的学生在日常生活中，往往能够客观地坚持自己的看法，不轻易相信别人的说法，不是"墙头草"，能够冷静地分辨是非、对错。

思维的批判性要在独立的基础上，不受别人暗示，严格地按照客观评价，才可能客观地辨别问题。具有思维的批判性的学生能够将自己对事物的推测看成是等待验证的假设，认真地加以检验，去其糟粕，取其精华。

3. 思维的灵活性和敏捷性

思维的灵活性指能够根据客观条件的发展及变化，及时地改变先前拟定的计划、方案、方法，寻找新的解决问题的途径。一个思维灵活性高的人，在解决问题的过程中，思想不呆板、不固执，能够摆脱老框框，随机应变，能迅速纠正错误，不重蹈覆辙。具有这种品质的学生善于从新的观点、新的角度去思考问题，摆脱偏见和早已过时的处理问题的方法。

思维的敏捷性，也称流畅性，指的是人在思维过程中能快速地在较短时间内找出许多解决问题的新方案，是思维过程的迅速程度。但是，速度并不是以牺牲正确率为前提的，思维的敏捷性是以思维的深刻性、广阔性、独立性和批判性为前提的。

4.思维的逻辑性

思维的逻辑性指的是人在思维过程中必须前后连贯、层次清晰、条理清楚、概念明确、判断正确，能遵循逻辑规则，具有严密性和系统性。思维逻辑性突出的学生，分析问题时，严谨而富有条理，判断问题正确，结论完整而有说服力。

（二）思维规律对学习的作用

1.思维是学习成功的核心因素

我们已经知道，思维是构成人类智力因素的核心，智力结构中的其他因素，都必须受思维的支配，围绕着思维转动。同样，学习过程中，需要运用人们的观察力、记忆力、想象力、注意力，甚至创造力，而这些活动都必须伴有思维活动的参与。所以，学习成功与否以及学习效率高低都离不开思维，思维是大学生学习成功的核心因素。

孔子曰："学而不思则罔，思而不学则殆。"这句话很好地解释了学习与思维之间的关系。它的意思是说，只知道学习而不进行思考，就得不到真知；只凭空思考而不学习，那是很危险的。他认为，君子要"视思明、听思聪、色思温、貌思恭、言思忠、事思敬、疑思问、忿思难、见得思义"。他要求学生在看、感知、言行、学习、品德诸方面都要善于运用思维。单从学习的角度来说，思维是实现感性认识向理性认识飞跃的中心环节，也是理解教材必要的心理因素，更是巩固所学知识的重要条件。北宋晁说之曾说："为学之道，必本于思。思则得知，不思则不得也。"朱熹也曾说："读得熟而又思得精，自然心与理一，永远不忘。"王夫之说："日学，日思……学非有碍于思，而学愈博则思愈远；思正有功于学，而思之困则学必勤。"由此可见，思是学好知识的关键，所以变学为思，变学为悟，才能学有所长，学有所成。

研究也证明，思维是理解知识和巩固知识的必要心理因素。在学习中掌握和运用思维的规律和方法是学习获得成功、提高学习效率的非常重要的手段。国际上教育改革的积极倡导者，心理学家赞可夫院士经过长期的教学实验后强调指出，在学校各科教学中，要始终注意，并利用一切可能来发展学生的逻辑思维能力，培养学生思维的灵活性和创造性。不仅要培养学生的分析和综合、抽象和概括、统摄和系统化等能力，而且要使学生具备从多层次、多角度看问题的能力。

2. 学习中思维能力的培养

大学生要实现成功的学习，就必须在重视思维与学习关系的基础上，在平时的学习过程中，注重思维能力的培养，养成良好的思维习惯，以提高自身学习效率。结合大学生学习的特点，可以从以下几个方面着手。

（1）敢于质疑，激发思维的兴趣

古希腊哲学家亚里士多德说："思维自惊奇和疑问开始。"思维是从问题开始的，疑问是引起思维的第一步。学起于思，思起于疑，疑是思之端，学之端。有疑和解疑的过程，就是发现问题、提出问题、分析问题和解决问题的过程，这是符合学习认识规律的。

大学生对于思维的对象是否有兴趣是思维能力培养的重要因素。一个人如果对自己学习的内容缺乏兴趣，那么，他在所涉及的领域进行创造性思维几乎是不可能的，因为他丧失了进行创造性思维的动力机制。对于科学的兴趣，爱因斯坦说过："在我们之外有一个巨大的世界，它离开我们人类而独立存在。它在我们面前就像一个伟大而永恒的谜。然而至少部分是我们观察者思维所能及的。对这个世界的凝视深思，就像得到解放一样吸引着我们，而且我不久就注意到，许多我们尊敬和敬佩的人，在专业从事这项事业中，找到了内心的自由和安宁。"显然，兴趣是进行思维的动力。

高尔基曾说："兴趣是最好的老师。"当代教育家布鲁纳也说："学习的最好刺激，乃是对所学材料的兴趣。"兴趣能让人长时间地高度专注于某门学科的学习，保证较高的学习效率。

（2）培养科学的思维方法，养成良好的思维习惯

要使思维达到准确、敏捷、灵活的水平，还必须要有科学的训练思维的方法，养成良好的思维习惯。

①养成独立思考的习惯。要经常主动用脑思考问题，对问题要主动进攻，养成凡事自己想的习惯。只有经过自己思考过的问题，才能在头脑中留下深刻印象，才能真正感受思考的过程。因此，大学生学习的过程中，要独立地、创造性地完成学业任务，碰到困难问题要自己动脑，不要轻易地向别人寻求答案。

②克服思维定式，培养思维的灵活性。思维定式人人都存在，即常用固定思路去考虑问题。这种习惯性思维，妨碍思维灵活性的培养，不利于接受新知识。所以，大学生在专业学习中，要尽量采用多种思路、多种思维方式去考虑问题，学会多比较、多观察、多提问，学习中，也要勤于在实践中检验思维的正确性。以便克服习惯性思维的影响，发展自己的思维灵活性。

③用积极暗示克服自己的思维缺陷，激发思维潜能。每个人的思维都具有巨大潜能，只是在实践当中受到环境等因素影响，没有尽可能地发挥出来，进而认为自己的思维能力有限。对于年轻充满活力的大学生来说，思维蕴藏着巨大的潜能，而这些潜能需要克服观念上的错误认知。因此，时常给自己一些积极的心理暗示，能起到理想的作用。比如"我能行""过一会儿我一定能想出来""我还年轻，只要能花时间，一定能解决这个难题的"等，都能给自己信心，激发自己的思维潜能。

第三节　大学生人格特点与学习管理

人们常说"性格决定命运"，一个人的人格会影响他的学习方式和学习效果。我们在实际学习生活中不难发现，同等智力水平的人，性格不同，学习成绩也有差异，可见人格特征是影响学生学业成绩的重要因素之一。例如，坚定而自信的学生总是乐于学习，遇到困难绝不轻易退缩，他们的学习成绩往往要高于那些缺乏自信的学生。由此可见，人格因素对学习有着深远的影响。

一、气质类型与学习

（一）气质的概念与特点

1. 气质的概念

气质是指个性心理活动进行的速度、强度、稳定性和指向性。气质是人的个性心理特征之一，是心理活动的动力特征。

气质是一个古老的概念，在日常生活中一般指脾气、性情等。气质是由遗传的先天因素决定的，不因人的动机、活动的内容而转移。每个人因气质不同而表现的千差万别，例如对儿童而言，有的孩子平静安稳，害怕生人；有的孩子则好动，活泼爱说话；有的孩子反应快，行动敏捷；有的孩子则反应迟缓，动作慢条斯理。

2. 气质的类型

关于气质类型有许多种不同的学说，其中一种，也是之前被广泛认可的学说——体液说，他的提出者是古希腊医生希波克拉底。他认为，人的体液由血液、黏液、黑胆汁、黄胆汁组成，并根据四种体液混合比例的不同将人的气质分为多血质、黏液质、胆汁质、抑郁质四类，这种体液说目前已不被接纳，但名称仍被沿用。

3.气质的特征

（1）气质没有好坏之分

任何类型的气质都有积极的一面，也有消极的一面。如胆汁质的人，热情好动、生气勃勃，但容易发脾气、缺少耐心；多血质的人活泼、亲切主动，但可能轻率、肤浅、冲动；黏液质的人表现恬静、沉着而稳重，但可能迟钝、萎靡不振；抑郁质的人，感情深刻而稳定，但表现得孤僻、羞怯、郁闷。因此，每一种气质都可能向某种积极或消极的方面发展。

（2）气质类型不能决定一个人的社会价值和事业成就的高低

许多人总以为多血质、胆汁质的人将来成就大；反之，抑郁质、黏液质的人没有出息。但历史上的名人，如李白具有较明显的胆汁质特质，杜甫具有较明显的抑郁质特征，二者都是伟大的诗人；俄国的四位著名诗人中，普希金是胆汁质，赫尔岑是多血质，克雷洛夫是黏液质，果戈里是抑郁质，不同的气质类型并不影响他们在文学上取得同样杰出的成就。

（二）气质与学习

不同气质的优劣势不同，更适合发展的领域也有所区别。每一种气质都有一些特征有利于开发智力，并获取成功，另一些特征则是不利的。只是你选择这些不适合你气质类型的行业发展，你需要比别人花更多的时间和精力，走更多不必要的弯路。

胆汁质的学生学习精力旺盛，不易疲倦，热情、积极地发问，大胆坦率，学习情绪易于外露，但思考欠周密，易丢三落四，受到挫折容易冲动、急躁。建议胆汁质的学习者应注意学业消化，加强复习巩固，做作业和考试时应多检查。克服不细心的毛病，需要培养自己的自制力，控制户外活动，保证自己有足够的时间学习。

多血质的学生学习反应迅速、学习热情容易激发、思维敏捷、动作利索、生气勃勃、活泼好动、心直口快，兴趣广泛但易变化，做事缺乏耐心、注意力易转移、情绪不稳定。建议多血质的学生注意找到适合自己的学业深度，不能满足于知道表面的东西，要认真学习、扎实工作，做完一件事再做另一件事，防止兴趣多变和任意转移，坚持在较长的时间内完成一项固定的任务，如记日记、观察气候的变化等，加强对自己耐心的培养,学会制定短期目标和长期目标，努力向目标迈进。

黏液质的学生学习作风勤奋、踏实，思考问题较稳重，学习耐受力强，注意力稳定但不易转移，反应较迟缓。建议黏液质的学生通过思考一些问题解决的多样性来提高应变能力，如对班级突发情况进行积极处理，做一些提高题等，努力加强对自己联想能力的培养，注意多与多血质的学习者交朋友。

抑郁质的学生学习敏感性强、认真细致、善于察觉细节、自尊心强、情绪体验深刻但不外露，孤独怯弱、不喜欢发言、学习行动缓慢，学习时易疲倦且难恢复。建议抑郁质的学生注意给自己制订适合自己学业程度的学习计划，多参加集体活动，努力使自己合群，在与同学交往中寻找乐趣并使自己有表现的机会，努力将角色扮演成功。

以上介绍的是气质的典型类型。一般来说，大多数学习者都是近似于某种气质类型或是兼有几种气质类型的某些特征，往往复合型的气质多于单一型气质。气质类型本身没有好坏之分，它并不能决定一个人学业成就的高低。不能把某些气质评定为积极的，而把另一些气质看作是消极的。每一种气质类型都有积极和消极的方面。对大学生来说，重要的是要了解自己气质的特征，清楚自己气质的优点和缺点，努力发挥自己气质的优点，向积极方面发展，防止和纠正消极品质的形成，弥补自己气质的不足之处。

二、性格特点与学习

为什么有人喜欢刺激的侦探小说和枪战片，有人喜欢情节浪漫的抒情片？"江山易改，本性难移"与"近朱者赤，近墨者黑"是否矛盾？为什么"自古英雄多磨难，从来纨绔少伟男"？

如果说气质是人格特征系统中影响其特征表现形式的一种外部色彩的话，那么性格则是人格的特征系统中具有核心意义的成分。对人格的塑造和完善，在很大程度上，就是对良好性格的培养。那么性格是什么？它有什么规律？

（一）性格的概念与特征

1.性格的概念

性格是一种与社会相关最密切的人格特征，它是一个人对现实稳定的态度和与之相适应的习惯化了的行为方式的总和。性格表现了人们对现实与周围世界的态度，包括对自己、对别人、对事物的态度。性格是人格结构中表现最明显，也是最重要的心理特征。

2. 性格的类型

按照知、情、意在性格中的表现程度,可分为理智型、情绪型和意志型三种。理智型的人以理智支配自己的行动;情绪型的人,情绪体验深刻,举止容易受情绪左右;意志型的人具有较明确的目标,行为比较主动。

按照个体的心理倾向,可分为外倾型和内倾型两种。外倾型的人心理活动倾向于外部,活泼开朗、善于交际,感情易于外露,处事不拘小节,独立性较强,但有时粗心、轻率;内倾型的人心理活动倾向于内部,一般表现为感情含蓄,处事谨慎,自制力强,交往面窄,适应环境比较困难。

按照个体独立性程度,可分为独立型和顺从型两种。独立型的人不易受外来事物的干扰,他们具有坚定的信念,能独立地判断事物,发现问题,解决问题,在紧急和困难的情况下不慌张,易于发挥自己的力量,但有时会把自己的意志强加于人,固执己见,不易合群;顺从型的人,随和、谦虚,易与他人合作,但独立性较差,易受暗示,容易接受别人的意见,在紧急情况下易惊慌失措。

3. 性格的结构

性格有多种多样的特征,它们的组合形成了复杂的结构特征,性格主要由以下四个方面组成。

态度特征:如同情或冷漠,正直或虚伪,勤奋或懒惰,认真或马虎,自信或自卑,开拓创新或墨守成规等。

意志特征:如目的性或盲目性,纪律性或散漫性,独立性或易受暗示性,自制或任性,果断或犹豫,持之以恒或虎头蛇尾等。

情绪特征:如热情或低沉,乐观或悲观等。

理智特征:如主动观察或被动观察,偏好分析或偏好综合,富有想象或想象被阻抑,富于创造性或好钻牛角尖等。

一个人的性格并不是上述特征的简单堆积,而是有机的结合,使性格结构具有动力性。性格的各个特征是相互联系、彼此制约的,人们可以依据某人的某些性格特征来推测其他方面的特征,如急躁一般与冲动、粗心、好激动等特征相关。

个人的性格会随个人的角色转变、环境和情境的变化以及自我要求的不同而呈现出不同的特征,从而使人的性格表现具有丰富性和复杂性。例如,一个懒散的学生在父母面前懒散的表现较多,而在整洁有序的寝室内可能表现较少。

4. 性格的形成与发展

影响大学生性格形成与发展的因素是多方面的，如社会生活环境、家庭、学校教育以及自我教育等。在性格发展的一定阶段上，个人对性格的自我培养具有很大的意义。大学生由于自我意识的发展，意识的自我调节功能不断增强，通过自我分析，在自我认识、自我评价的基础上，不断运用自我激励、自我暗示、自我反省、自我约束等方式进行自我教育。外部因素的影响都要通过自我调节起作用，因此自我教育对性格形成、发展的作用是很大的。一定意义上，我们每个人都在塑造自己的性格。

俗话说"江山易改，本性难移"，指的是人的态度和行为方式具有某种稳定性，但并不是不可以改变的。人们一旦认识到自己的某种性格与要求不符合时，通过不懈的努力可以改变它。

随着青年社会化的加速，大学生的性格也出现了加速发展的现象，对社会、对集体、对他人、对劳动、对学习、对自己的态度和行为方式都迅速打破了儿童模式，向成人模式过渡，经过一段内部的矛盾运动过程，就建立起成体系的对现实的态度和行为方式。

大学生性格发展的一个突出特点是他们对自己性格的认识和控制水平提高了。大学生常常主动观察自己，自觉地分析、总结和评价自己的态度及行为并积极做出调整，以达到适应环境和完善自我的目的。此外，大学生性格特征的外部表现变得更为丰富复杂了。

（二）性格对学习的影响

伟大的科学家爱因斯坦曾经说过，优秀的性格与钢铁般的意志，比智慧更重要。性格对一个人的学习过程有着重要的推动作用，对其学习活动效率有着巨大的间接影响，性格特征可以较好地预测一个人的学业成就。

内向也好，外向也好，各有千秋，应该针对不同的性格制定不同的学习方法。如果方法不对的话，往往成绩不佳，智力也得不到充分的发挥。智商不高的人如果使用了适合自己性格的方法，也会取得很好的成绩。人的性格特点差别很大，各人的学习状态也都各不相同。如有的人生性活泼好动，总是坐不稳，学习的时候思想容易开小差；有的人的性格内向，喜欢一个人冥思苦想，遇到难题也羞于开口问人等。发挥个性的长处，针对不同的性格类型，选择适合自己的学习方法是研究和了解性格的目的所在。

不同的人在学习上用相同的方法，不一定会有相同的学习结果。

有些同学的学习成绩永远是一个相对值，在竞争激烈的环境中他的成绩会好些，而在竞争并不激烈的环境中，他也随大流——成绩平平。

有些人可以在很长一段时间里集中精力完成一件工作，因此他们参加一般性的考试，往往成绩会很高。

有些人面对选择题的四个选项，先提笔勾了 A，很快地又改成 B，不一会儿又涂了改成 C。几番折腾，等离开考场后才发现正确的答案是 A。

有些人课堂上反应快，接受能力强，可是不注意对知识的消化、整理，忽视细节，结果看起来学得不错，可是一点都经不起检查。

可见，人的性格与学习确实有着微妙的内在联系。

德国化学家李比希，每次考试在班上都是最后一名。是他笨吗？不，经测试他的智商高达 165。后来老师纠正了他性格中马虎、懒散的缺点，他很快成了一名成绩优秀的学生。这说明他成绩差不是智力原因，而是性格原因。

不同性格类型在理智特征上存在着差异，要通过"互补"来自我调节，才能既"扬长"又"避短"，使人的智能得到更好的发挥。

我国古代教育家孔子在教学中充分注意弟子的性格差异。他说："求也退，故进之；由也兼人，故退之。"意思是说，冉遇事容易畏缩，所以我要多鼓励他，鞭策他；子路好强过人，所以我要让他注意谦逊和忍让。下面对几种性格提出具体的学习策略。

1. 外向型

外向型的优点是性格爽朗，对问题反应迅速，领会得快，兴趣广泛，喜欢讨论问题，学习时不畏惧困难，善于向别人请教。但缺点是不容易长期独自安静地学习，办事缺乏计划性，学习读书受兴趣和情感因素的影响较大，往往忽冷忽热、忽紧忽松，满足于一知半解，缺少计划性，他们不论学习、工作，往往凭着情绪的波动而变化，即使有了学习计划，也不认真执行。所以，外向型的人最好编制一个合理的学习计划，并认真执行。

2. 内向型

内向型的学生最大的优点是善于思考，经常能够把情绪平静下来，保证学习计划顺利进行。但内向型性格的人有着过分的因循守旧的倾向，时常为自己学习进展不快、考试成绩不好而费神，有时也爱坐在书桌前空想，白白浪费时间。内向型的人常常出现自卑感，自卑感产生的苦恼、忧虑会影响学习效率，并使学习进度缓慢，最好的办法就是增强学习的自信心和主动性。

性格的形成，除了先天气质外，主要受后天环境因素的影响。外向型和内向型性格、依赖型和独立型性格各有其优势，不必羡慕别人，别人的方法未必适合你。只要能充分认识自我，加强自我修养，努力学习，就一定能以良好的心理素质充分展现自己的才华。

第四节　大学生动机发展特点与学习管理

一、学习动机

（一）学习动机的含义和对学习的影响

很多大学生都有一个普遍的问题，认为某学科对自己没有意义，提不起学习兴趣。实际上，在大学校园中，因专业问题、课程问题而学习动力缺乏的现象并不少见。

学习动力缺乏症，其表现是形形色色的，有的是学习中遇挫折后产生的失望、无聊心理；有的是因专业不适而对目前学习缺乏兴趣；有的是因缺乏明确的目标、理想；有的因学习方法问题而导致学习困难，考试两三门不及格，索性破罐破摔，放松对自己的要求，不愿再努力奋起；还有的是受社会上各种思想的影响，厌倦学习，不愿学习。

学习动机是直接推动学生进行学习的一种内部动力，是激励和指引学生进行学习的一种需要。

动机对学习行为起着决定性的作用。心理学家认为，一个人的学习成绩主要受两方面因素的影响：智力和动机。用公式表示：学习成绩 = 智力 × 动机。那么，动机是如何影响学习成绩的呢？

1. 引发学习行为

求知欲望是学生学习活动的源泉和动力，但是当求知需要处于静止状态时，它还不能导致学习活动的产生，只有当求知需要活跃起来，成为动机时，才能引发学习行为。正像一个饥饿的人，虽有补充食物的需要，但是如没有觅食的动机，仍不会有觅食的行为。任何学习行为都是由学习动机直接引发的，但同时我们必须注意两个问题：其一，不同的动机可能导致同一行为。如几个学生都努力学习数学，但有的是为了当数学家、有的是为了当工程师、有的是为了考大学。其二，同一动机可能导致不同的行为。如几个人都想发财致富，但行为却不同，有的去劳动致富、有的去偷窃、有的指望父母遗产等。

2. 调节学习的强度

动机对学习强度的调节表现在三个方面：第一，动机强烈时，学习强度大，热情高、干劲足；动机不强时，学习强度就小，情绪低落，自暴自弃。第二，学习目标一经确定，学习动机便成为支配学生学习行为的力量。只要目标不改变，动机始终都维护着学习行为的顺利进行。第三，当学习者认为学习目标对自己失去意义时，其学习动机便消失，这时，其学习行为也将立即终止。

3. 指引学习活动朝着一定方向进行

学习动机不仅引发学习行为，它还指导行为的方向。例如，某一学生想当作家，那他的活动就朝着这一方向进行。他大量阅读中外著作，研究其写作方法与技巧；一般人看电影、电视只作娱乐，而他却在研究其题材布局、语言运用以及形象塑造等；他还经常练笔、投稿等。总之，他的一切活动都沿着作家之路进行。

学习行为对动机也有反作用。美国心理学家奥苏伯尔说："学习动机与学习之间的关系是典型的相辅相成的关系，绝非一种单向性的关系。"即是说持续的学习可以强化动机。尤其是学生的成就动机往往与这个学生的学业成绩有关，学业成绩好的学生其成就动机较高。因此，在教学中，当学生的学习动机还没有达到应有的强度时，教师要强制学习动机，从而进一步推动其学习行为的自觉进行。

（二）学习动机的主要类型

1. 附属动机

附属动机是指为了获得他人（如家长、教师、同学等）的赞许、认可和亲近而努力学习的动机，这是一种源于外部原因的内部推动力量。每个人都有获得他人的肯定、接受的心理需要，在集体中，个人的行为、业绩若不符合集体的要求，他就会感到孤独和焦虑。为避免这种不愉快境遇，他会努力向集体标准看齐，这就使人产生了附属的需要和动机。作为学生，满足这种需要的重要途径便是努力学习，争取好成绩。附属动机不仅能增强学生的归属感和荣誉感，促进学生的学习，还有利于其自信心、自尊心的发展。

学生附属动机的产生与教师对学生的态度、班集体的友爱气氛有密切关系。教师热爱学生，公平地对待学生，是附属动机赖以形成的重要情感基础。许多学生（特别是年龄较小的学生）之所以愿意学习，常常是因为喜欢他们的老师；若教师对学生冷漠、轻视、不公正，甚至贬损学生，只会激起师生间的对立情绪。

因此，教师应该在情感上与学生建立良好的关系，使学生愿意听从教师的教导，并有意识地使自己的行为符合教师和集体的标准和期望，从而促进学习。

2. 成就动机

成就动机是指为了维护个人自尊心和提高个人地位而努力学习与工作的动机。通常，个人的地位与他的成就相符。因此，要提高地位，就要努力获得相应的成就。这也是一种由外部原因引起的内部推动力量。

成就动机源于人维护自尊的心理需要。通常学生维护自尊的办法有两种：获得成功和避免失败。取得较高的学习成绩，获得教师的赞许和奖励，对学生来说是获得成功的重要标志。因此，在教学上，教师应注意充分运用赞许和激励，以激发学生自我提高的动机，促使他进一步努力去赢得好成绩。考试不及格、被老师批评往往意味着失败，会导致学生在班上地位不高，自尊的需要得不到满足，这对学生是个极大的威胁。因此，教师可适当地运用考试的手段来促使学生认真学习。有些心理学家指出："考试的动机力量，更多的是在于失败的威胁，而不是在于成功的希望。"可见，失败的威胁也是教师用以调动学生学习动机的一种策略。

3. 认知动机

认知动机是一种以获得知识为目的的学习动机，俗称"求知欲"。这种动机指向学习任务本身，能够获得知识就是最大的满足，这是一种内部学习动机。认知动机与好奇、探究心理密切相关，好奇、探究的倾向是人与生俱来的一种生物性需要。儿童对环境中的新奇事物特别敏感，很早就开始探索他们周围的世界，如果他们在对某事物的好奇、探究中能得到极大的心理满足，这种行为就会被强化，以后再度追求有关的知识会表现出强烈的求知兴趣。由此可见，认知动机不仅可以推动学生主动学习，而且能使他们在学习过程中获得满足感，产生愉快的情绪体验，从而进一步增强求知欲。

由于认知动机源于对知识本身的兴趣，满足这种动机的是知识的实际获得，而不是外在的各种奖励，所以，它是一种最重要最稳定的学习动机。当前，教育心理学家越来越重视这种动机的作用。他们指出，教育的职责之一，是让学生对获得有用的知识本身发生兴趣，而不是让他们被各种外来的奖励所左右。

附属动机、成就动机都是外部动机。虽然它们对学生各有不可低估的激励作用，但过分强调它们（尤其是成就动机）会助长功利主义的倾向。学生的学习如果着眼于取得外来利益，他们就会满足于一定的学习成绩而很少考虑学科知识本身的科学价值，在学习结束之后，不会产生持久而深入的学习愿望。因此，应注意激发学生求知的需要，加强内部动机的推动力量，提高学生学习的自觉性和坚持性。

二、需要与学习

（一）需要的含义

需要是人脑对生理需求和社会需求的反映。

需要是有机体内部的一种不平衡状态，它反映主体的某种客观的要求，并成为个人活动的积极性的源泉，通常在主观上以一种缺乏感或丰富感被人所体验。

个体为了求得生存和发展，必须满足一定的需求，例如，食物、衣服、睡眠、劳动、交往等，这些需求反映在个体头脑中，就形成了需要。需要是个体的一种内部状态，或者说是一种倾向，它反映了个体对内部环境和外部生活条件的较为稳定的要求。心理学家波果斯洛夫斯基等指出："需要是被人感受到的一定的生活和发展条件的必要性。需要反映有机体内部环境或外部生活条件的稳定的要求……需要激发人的积极性……需要是人的思想活动的基本动力。"需要是个体行为积极性的源泉，各种需要推动人们在各个方面积极的活动。需要和人的活动紧密联系着，需要越强烈，由此引起的活动也就越有力，它是个体活动的动力。没有需要，也就没有人的一切活动。需要永远具有动力性，它不会因暂时的满足而终止。有一些需要明显带有周期性的特征，如对饮食和睡眠等的需要；有一些需要满足后，又会产生新的需要，新的需要又推动人们去从事新的活动。在活动中需要不断得到满足，又不断产生新的需要，使活动不断向前发展。例如，学习科学文化的需要，欣赏艺术的需要，通常是每一次需要的满足都会产生新的、更高的需要。

需要又是个体认识过程的内部动力。为了满足需要，个体必须通过认识过程完成一定的任务。人对客观事物产生的情绪，是以客观事物能否满足人的需要为中介的，凡是能够满足人需要的事物，则产生肯定的情绪，否则产生否定的情绪。需要又是个性倾向性的基础，它通常以动机、兴趣和信念等形式表现出来。

（二）需要与学习的关系

需要是学习的源泉，学习是满足某些需要的具体实践，通过学习使某一需要得以满足，而新的需要又重新产生，又需继续学习。因此，需要与学习是紧密相连、相互促进的。

引起学习活动的直接需要有三种：求知需要、美感需要、认识与理解需要。

1. 求知需要与学习

求知需要是一种精神需要，是直接导致学习活动的源头活水。但是，求知需要又与其他物质需要和精神需要紧密相关。求知需要是人们在谋求生存、适应社会和改造社会的过程中感到知识、技能欠缺时的一种心理状态。从某种程度上说，求知需要往往是由其他需要引起的。比如，有些人的需要是由生理需要引起的，求知是为了挣钱活命，解决衣食住行。清代诗人龚自珍就说："著书都为稻粱谋。"其实读书亦有类似情况，古代倡导的"读，读，读！书中自有黄金屋；读，读，读！书中自有颜如玉；读，读，读！书中自有千钟粟。"就是为满足生理需要而求知。有些人的求知需要是由安全需要引起的，他们认为有了知识，就不怕失业，就能够安全地生活下去。有些人的求知需要是由爱的需要引起的，例如，小学生为了得到父母的爱而努力学习，有的大学生为了得到异性的爱而刻苦读书。有些人的求知需要是由尊重需要引起的，在社会上普遍存在这样一种现象：有知识有道德的人会受到别人的尊重，而无知识无道德的人则会受到人们的鄙视，于是有些人为了满足其尊重需要而不断地用知识武装自己的头脑。有些人的求知需要是由自我实现需要引起的，他们深知自己的潜能和价值，积极地用知识丰富自己、发展自己、完善自己，力求使自己做出最大的成绩，推进人类和社会的进步。由此可见，人的基本需要都可导致人的求知需要，进而导致学习活动。

2. 美感需要与学习

追求美是人的天性，爱美之心，人皆有之。有的人追求外在美；有的人追求内在美；有的人追求物质美；有的人追求精神美。但欣赏美、创造美的能力却不是与生俱来的，而是后天培养起来的。当人们感到欣赏美、创造美的能力有某种欠缺时，他不得不去培养自己欣赏美、创造美的能力。当人们认识到具有丰富知识是一种内在美、修养美时，用知识武装起来的人具有崇高美时，人们便去主动地学习知识。

3. 认识和理解需要与学习

认识和理解需要的是好奇心，是人们认识世界的动力。人总是喜欢探究物质世界和人自身的奥秘，其手段就是实验。但是认识和理解手段的掌握不是先

111

天就有的,而是后天习得的。所以对于任何个人而言,要想认识和理解物质世界,首先必须掌握认识和理解的科学手段,然后才能认识客观世界和人自身。因此,无论是认识与理解的过程,还是掌握认识与理解手段的过程,都是一个不断学习、不断试错的过程。

第五节　大学生学习的自我管理

学习是人类生存发展的基本手段,特别是当代社会知识以几何级数增长,信息日新月异,尤其是互联网的飞速发展,使知识信息的储存、转换和传播面目一新。如果一个身处现代社会的人,其一生中不进行有计划性的学习,那他将被时代抛得很远。自主型的学习,对于今天和未来人类社会的作用越来越大。大学生的主要任务是学习,不仅仅是学习知识,更重要的是要培养自己的学习能力。

一、做好充分准备,制订合理计划

世界上什么最宝贵?是时间。如果没有了时间,一切都将没有意义。遗憾的是,很多人并不珍惜时间,当真正想珍惜时间时,往往是已经没有机会了。

有人说,天才就是 90% 的汗水加上 10% 的灵感。90% 这条规则同样适用于学习。

当两个公司同意合并时,他们只需要几分钟来签署协议。但这一时刻却是经过数月乃至数年的艰苦思考、研究和协商才确定的。为了弄清对方是否是适宜的合作伙伴,合并需要哪些条件,双方都要对对方的财产、生产能力、净资产、债务、雇员工作量、市场前景及其他许许多多的细节问题进行调查。当年怀特兄弟驾着飞机飞行时,他们漫长而艰苦的准备终于取得了成功。居里夫人发现镭的性能也是如此。当斯蒂尔成为第一位掌管一家著名电影制片厂的女性时,她已历经若干年的艰苦奋斗。

在现实生活中,充分的准备可以使我们事半功倍。

我们经常会听到同学们这样的抱怨,"我没有时间,如果我有时间,我一定能学好""要是能腾出时间,我会学的""不过,你想不出我有多忙"。这样抱怨果真正确吗?

曾有人说过:"真正没有时间的人只有死人,死去之后被埋葬的人。其他声称没时间的人无非以下常见的几类,白痴、无业游民、偷懒者和浪荡子。"抱怨没有时间,多数只是一个借口。

　　许多人之所以在不经意间浪费了时间，可能是他们无法预料到将要发生什么事情。为了使自己学习得更好，更有效率，为了让自己的事业和人生能不断地攀升，我们首先得花点时间来学习如何合理制订学习计划。

（一）合理制订学习计划的重要性

1. 合理制订学习计划并认真执行，能有效提高学习效率

　　中国有句古话："凡事预则立，不预则废。"大学的教学方式不同于中学，大学的教学进度快、容量大、难度高，课堂教学法往往是提纲挈领式的，老师在课堂上只讲难点、疑点、重点或者是老师最有心得的一部分，其余部分就得学生自己去攻读、理解和掌握，所以大学的大部分时间是留给学生自学的。这就要求学生要变被动为主动，变机械学习为积极思考。因此，大学学习要求学生发挥自身的主动性和积极性，按照自身的情况制订学习计划并坚持实施。

2. 没有计划的学习是盲目被动的低级活动

　　进入大学，每天都会被各种事情所打扰，比如丰富的社团活动、社会实践活动等往往占据大学生的很多时间，还有其他的娱乐消遣时间（上网、打扑克、玩游戏等），致使他们学习时间变少。随着课堂学习时间的比重降低，学生自学在学生学习中的地位日益重要。如果学生不能合理规划时间，可能验证前面所言，"我真的太忙，根本没有学习的时间"。而为了应付考试，借同学的笔记、网上下载突击学习一两周也能顺利过关，这对于学生而言是大学四年中最大的损失，这使他们失去了学会自主学习的最佳时机。

（二）如何合理制订学习计划

1. 制订学习计划，长计划和短安排相结合

　　那么，要如何制订计划呢？学习计划的内容完全取决于我们要学习的内容，制订学习计划要认真考虑以下几个要素：学习任务、常规日常事务、每天最佳的学习时间、最不可能被人打扰的时间。大学四年，每个学年都有不同的学习任务，所以在一个比较长的时间内，究竟要做些什么，应当有个大致计划。例如，一个学期、一个学年应该有个长计划。相对长计划而言，制订短安排也是非常有必要的。做一个日计划，把每天要做的事及时间记在作息时间本上，能让我们清楚当天先做什么，后做什么，以及睡觉前要为明天准备些什么等，可能让我们清楚地检查一天的工作。

2.合理安排学习时间

学习计划已经制订了，如果不去实施也等于白费。第一，随时要注意自己的时间安排；第二，及时反思自己如何花费时间，这样可以让我们清醒地认识到何时自己在浪费时间，何时学习效果会更好。

3.保证良好的睡眠质量

很多学生喜欢熬夜，尤其是在临近考试的时候，天天是通宵达旦，认为可能会对考试有帮助。其实研究证明"开夜车"是不可取的，如果长期如此，对身体会造成极大的损害。正常的、足够的睡眠才能使人精力充沛，学习效果显著。

要想有良好的睡眠，应该注意以下几点：一要遵守睡眠时间，每天做到按时睡觉，准时起床。二要创造良好环境，室内温度适中，空气流通，环境安静。三要注意睡前饮食，晚餐过饱过饥都不利于入睡，不吃过于油腻的食物，不喝刺激性饮料。四要保持轻松愉快的心情，睡前减少紧张的脑力劳动，不看刺激性的电影，用热水洗脚，上床后不想烦恼的事。

4.学习计划要从实际出发

制订计划时，不能脱离实际，既不能好高骛远，也不能太容易。因为学习任务太难和太易都不利于学习动机的发挥。所以制订学习计划时要考虑以下几点：一是个人的实际知识能力。注意每个阶段中，要接受多少新的知识，要培养多少新的能力。二是时间的安排。安排好常规学习时间、自由学习时间和休闲时间。

二、遵循学习规律

现在社会是一个学习型社会，对于人类来说，学习就是在社会生活实践中由经验或练习引起的个体在能力或倾向方面的持久变化及其获得这种变化的过程。伟大的教育家夸美纽斯认为，人是"可教育的动物""人不受教育就不能成为一个人"。随着社会的发展，人们已经意识到学习是人类进步的源泉。高等教育是培养专业人才的摇篮，这对大学生的学习能力提出更多的要求。

（一）大学生学习的特点

在绝大部分大学生的眼中，大学学习是枯燥的、高深的，或是简单的、没有实用价值的，或是基础的、前沿的。那么大学生学习的特点和规律又是如何呢？

1. 学习内容的特点

（1）专业化程度较高，职业定向性较强

大学的教育任务是为社会各界培养高级专业人才。学生毕业后绝大部分人都要在社会各个领域从事与自己专业相关的职业活动。因此，学生一进入大学就要开始分系、分专业，进行深入的专业学习。大学生从大一进校开始，就要系统地掌握专业基础知识，掌握从事各类专业活动的基本技能，具有明显的职业定向性。

（2）实践知识丰富，动手能力较强

大学生学习的专业性和职业定向性，决定了在大学生的学习中，学生的实践动手能力是我们教育培养的重心。学校的教学计划中会安排与专业相关的实习、社会调查、野外考察等课程。

（3）学科内容的高层次性和争议性

大学生在专业学习中，不仅要掌握本专业各学科的基础知识和基本理论，还要了解这些学科的最新研究成果及其发展趋势。同时，大学生学习内容中还包含一些有争议的、没有定论的学术问题。向学生介绍没有定论的学术问题可以开拓学生的专业视野，激发学生开展智力活动的积极性，培养学生的科研动机。

2. 学习动机的特点

学习动机是指学生发动和维持某种学习行为以达到一定目标的各种因素的一个中间变量，它涉及兴趣、需要、驱力、诱因等现象。动机是学习最关键的因素之一。所有的学生都有动机，问题是究竟有怎样的动机。[1]为什么有的学生在面对失败时会继续坚持，而另一些学生会选择放弃？为什么有的学生是为了取悦某个人而学习，有的学生为了获得高分而学习，有的学生因对学习内容感兴趣而学习？对上述问题的解释是，不同的动机满足了人们不同的需要。

大学生由于社会生活条件、教育经历的影响和个人生活的不同，学习动机也表现出不同的特点。

（1）学习动机的多元性

大学生的学习动机是多种多样的。有研究表明，大学生学习动机主要有四大类：第一类是报答性和附属性学习动机；第二类是自我实现和自我提高警惕的学习动机；第三类属于谋求职业和保证生活的学习动机；第四类属于事业成

---

[1]　蒋国勇. 大学生自主管理研究 [M]. 北京：华龄出版社，2007.

就的学习动机。

大学生学习动机的四种类型，实际上也表现出不同的层次和水平。在同一个大学生身上，其学习动机也是多种多样的，而不是受其中单一的动机支配的。研究表明，大学生四种主导性学习动机主要是求知探索的动机、友情交往的动机、成就建树的动机、自尊自主的动机。这些说明大学生是以求知、求学需要为主要的、基本的学习需要，同时具有珍视友谊、重视自尊和荣誉、追求成功的特点，其主流是健康的、积极向上的。

（2）学习动机的间接性

有研究调查表明，大学生的直接性学习动机，如分数、赞赏、奖励、避免受到惩罚等，随着年级的升高而逐渐减弱；而间接性学习动机，如求知、探索、成就、创造、贡献等，随年级的升高而逐渐加强。教育实践的经验也表明，低年级大学生对考试分数很重视，常常因不能取得高分而苦恼。随着年级的升高，学生对分数虽然仍然重视，但重视的程度减弱。

（3）学习动机的职业化

虽然不少大学低年级学生都有专业思想不巩固的问题，但是随着年级的升高，学生对所学专业的了解日益加深，从而对自己所学专业的喜爱程度逐年递增，职业化的学习动机开始逐渐巩固。

3. 学习方法的特点

（1）以自主学习为主

在高中阶段，学生学习是在教师直接组织和指导下进行的，而进入大学，自学在学生学习中日益占有重要地位。这与大学的专业设置与培养目标有关。这就要求大学生要自主学习，自己确定学习目标，自己安排时间，学会迅速查阅各种专业资料，学习独立自主地获取知识。

（2）学习的独立性、批判性和自觉性不断增强

大学生自学的独立性、批判性较强，总是以批判的态度对待学习。他们不会轻信教师讲授的内容和现成的理论，相信自己通过独立思考能得到正解。他们喜欢讨论问题，争辩问题，各抒己见，互不相让；喜欢表达自己的想法、见解和观点。他们能够清醒地认识到自己肩负的责任和学习的意义、价值，明确学习目的，端正学习态度。

（3）课堂学习与课外学习相结合

课堂学习是大学生学习的主要途径，但并不是唯一方式。除了课堂学习之外，他们还可参加学校、院系组织的课外活动，丰富自己的知识和锻炼自己

的能力。这些活动不仅能大大增强大学生的学习积极性，而且能有效地提高大学生独立学习和独立工作的能力，从而为他们走向社会，获得成就打下坚实的基础。

（二）大学学习的策略和方法

生理学家、科学哲学家贝尔纳说过："良好的方法能使我们更好地发挥天赋的才能，而拙劣的方法则可能阻碍才能的发挥。"我国有句古话："得其法者事半功倍，不得法者事倍功半。"所以说，掌握科学的学习方法和策略，遵循学习规律，才能真正做到事半功倍。

1. 建立恰当的学习动机

一切学习行为都是由动机引起的，学习动机是认知学习的最重要的必备条件之一。心理学理论认为，一个人的动机越正确、越强烈，它所激发的意志就越坚强，所开发的能力就会几倍，甚至几十倍的增长。所以建立恰当的学习动机，是大学学习的关键。第一，学习动机决定着学习方向，学习动机是以学习目的为出发点的，它是推动学生为达到一定的学习目的而努力学习的动力。没有明确的学习目标的学生自然是不会产生动机的。因此，学生动机首先要求学生懂得为什么学，朝着什么方面努力。第二，学习动机决定着学习过程，学生是否能持之以恒。第三，学习动机影响着学习效果。

2. 明确自身的学习能力和培养有效的学习方法

学习是一件主体性很强的活动，每个人都有自己的特点。每个人都要了解自己的学习心理特征，特别是对自己的体力、智力、性格等要有一个正确的认识。每个人都有不同的才能，也有不同的学习方法，所以必须找到适合自己的学习方法。学习别人的方法，一定要结合自己的特点，否则会弄巧成拙。如何培养有效的学习方法呢？

首先，要树立正确的学习态度。其次，要把握学习过程和学习原则。在大学学习要把握的几个学习的主要环节是：预习、听课、复习、总结、练习和考核。学习的基本原则是最佳的学习状态；调动所有的感官进行学习；创造性、批判性地进行思考，有助于内在信息的处理；激活信息，加强学习，可以通过游戏、幽默小品、讨论和戏剧来"激活"记忆库，增强对材料的掌握，使学习既有效又不失乐趣；大量练习，把学到的知识运用到现实生活中，要有目的地加以使用和运用；复习和评估，自我评估、同伴之间的评估以及指导者的评估，是学习的重要组成部分。最后，要善于思考。思考是一种重要的学习方法，孔子说："学而不思则罔。"因此要重视培养自己思考、积极探索的习惯和能力。

三、营造良好的学习环境

学习环境是指学生在学习过程中所处的一种相对稳定的客观时空状态，它由学习氛围、学习风气、学习方式，以及与学习紧密相关的生活环境等因素构成。心理学中的刺激—反应学习理论认为：学习者学到些什么，是环境控制的，而不是由个体决定的。良好的学习环境将有助于大学生的学习，不利的学习环境将会阻碍大学生的学习。现在最为流行的信息渠道是网络，与其他媒体相比，网络信息大，传播迅速快捷，现在已经成为当代大学生主要的学习工具。但是与此同时，网络也对一部分大学生产生致命的伤害——网络成瘾。大学生的学习环境是复杂的，既包括学校环境，也包括家庭环境和社会环境。其实环境是中立的，这完全依赖于我们如何利用它。我们可以通过学校有组织的课堂教学进行学习，也可以通过互联网进行学习，还可以通过身边的同学学习，等等。我们处在一个复杂的社会大环境中，要想取得良好的学习效果，营造良好的学习环境也是非常必要的。

（一）建立良好的人际关系

人际关系是人们在社会活动中形成的建立在情感基础上的相互联系。人际关系对大学生知识的掌握、能力的提高、心理的健全、品德的修养、社会意识的增强等都有着极其重要的作用。良好的人际关系对个人的发展又有哪些重要作用呢?

人际关系是信息交流和获取的重要途径。人与人之间的接触与交往，不仅仅是相互间的关系，更重要的是信息的交流。个人对客观世界的认识、兴趣、经验和体会，往往会在交往过程中自觉或不自觉地流露和表达出来，并传递给周围的人。

人际关系也是自我完善的一面镜子。人际交往是个体社会化的程序，也是自我认识、自我评价的必经之路。个体从与他人交往中认识自我形象，从与他人比较中认识自我。

我国最早论述教育和学习的著作《学记》中记载："独学而无友，则孤陋而寡闻。"意思是说，如果缺少朋友之间的交流切磋,必然会知识狭隘,见识短浅。所以当代大学生要学会与人交友，构建积极的、开放的、健康向上的人际关系，为自己的学习创造良好的人际环境，争取有利的学习资源。

（二）学会合作学习

合作学习是一种新型的学习理论，是指个人在小组或团队中为了完成共同的任务，有明确的责任分工的互助性学习，它有以下几个方面的要素：

①积极的相互支持、配合。

②面对面的促进性的互动。

③积极承担在完成共同任务中个人的责任。

④期望所有学习者能进行有效的沟通，建立并维护小组成员之间的相互信任，有效地解决组内冲突。

⑤对于各人完成的任务进行小组加工。

⑥对共同活动的成效进行评估，寻求提高其有效性途径。

英国戏剧大师萧伯纳曾说过："我有一个苹果，你有一个苹果，彼此交换，我们每个人还是拥有一个苹果。但是，我有一种思想，你有一种思想，我们彼此交换，每人可拥有两种思想。"合作学习可以为大家提供知识信息共享平台，也可以使大家找到彼此的差距，取长补短。合作学习不仅有利于个人认知能力的发展，而且也能满足学习者社会性的需要。

第五章 大学生危机事件管理

本章将对大学生危机事件管理、身体健康危机事件的处置、"校园贷"危机事件的处置、社交危机事件的处置、意外事故危机事件的处置以及心理危机事件的处置进行研究与论述。

第一节 大学生危机事件管理概述

高校的和谐稳定是所有高校教师的美好愿望，更是学生教育管理人员的期望。学生的健康成长关乎国家发展的长久大计。高校是社会的缩影，也是危机易发地，学生教育管理人员掌握应对和处置危机事件的方法和技巧，对学生的顺利成长、学校的和谐稳定特别重要。

一、大学生危机事件的含义和特征

（一）大学生危机事件的含义

大学生危机事件主要是指在突发状况下，对高校的教学工作、学生的学习生活秩序造成一定干扰和影响，甚至给师生带来人身、财产损失的负面事件。我国学者漆小萍在《大学生危机事件管理》一书中对大学生危机事件下了定义，即"以大学生为主体或涉及大学生利益的，主要发生在高校校园内的，在事先未预警的情况下突然爆发或潜伏尚未发作的，对学校的声誉、秩序或部分成员造成严重影响的情境"。王宏维、郑永廷教授认为，"大学生危机事件是指由自然灾害、社会问题或人为因素诱发的，可能对大学生人身、财产安全有重大威胁或对高校职能有一定损害或负面影响的突然事件"。还有学者认为，大学生危机事件是指在大学生身上发生的某一事件有可能造成学校和社会现有正常运转状态的失衡，使学校和社会原有的价值体系和行为准则结构遭到否定和质疑，进而导致学校和社会在认同度和实践中遭到一定程度的危害，而事件的突发性往往使惯常的思维和应对模式难以取得明显效果，因而需要破除常规并迅速决策，及时遏制危害性蔓延的事件。

（二）大学生危机事件的特点

1. 突发性和偶然性

危机事件爆发的具体时间、实际规模、具体态势和影响深度是始料未及的，危机事件发生是不良因素由量变到质变的结果。

2. 聚焦性

进入信息时代后，发达的传播媒介会使组织的危机事件成为社会公众关注的焦点、热点，成为媒介的最佳新闻报道线索，危机的信息传播比危机本身发展要快得多。对媒体时代的危机来说，就像大火借了东风一样，处理不当会给学校带来广泛的影响，使学校处理危机、重塑形象的工作更加困难。

3. 破坏性

由于危机常具有"出其不意，攻其不备"的特点，不论什么性质和规模的危机，都必然不同程度地给学校造成破坏，带来混乱和恐慌，而且由于支持决策的时间以及信息有限，往往会导致决策失误，从而带来不可估量的损失。

4. 紧迫性

危机事件一旦爆发，其破坏性的能量就会被迅速释放，并呈快速蔓延之势。危机解决越不及时，越不果断，对高校的危害就越深，损失就越大，造成的社会影响就越恶劣。这种负面影响如果未能及时消除，会产生长时间的不良作用。

对高校而言，无论什么程度的危机事件，哪怕是影响极大、后果严重的灾难性事件，也要根据危机的危害程度制定出相应的处理措施。应对危机的关键是对危机情况的认识和判断是否准确，制定的措施是否有效。如果措施不得力、方法不正确，产生偏差，就会加重危机程度，起到适得其反的作用。

二、大学危机事件管理

（一）危机管理的含义

危机管理是为了预防危机的发生，应付各种可能出现的危机情境，减轻危机损害，尽早从危机中恢复过来所进行的信息收集与分析、问题决策与预防、计划制订与责任落实、危机化解处理、经验总结与调整的管理过程。下面是中外学者对危机管理的不同界定。

罗伯特·希斯认为，危机管理涉及五个方面：①危机管理是管理者对危机情境采取防患于未然的措施，并将危机影响最小化；②危机管理者要未雨绸缪，在危机发生前做出响应和恢复计划，对管理对象进行危机管理的培训，做好应对未来危机和冲击的准备；③在危机情境出现时，危机管理者要及时出击，在尽可能的时限内控制危机；④危机威胁紧迫，危机管理者需全面考虑，不忽视任何一方；⑤危机过后，管理者要对恢复和重建进行管理。

龙泽正雄认为，危机管理是发现、确认、分析、评估和处理危机，这些是危机管理流程，同时在此过程中，始终以"保持最少的费用，取得最好的效果"为目标。

陈启荣认为，当个人或组织在面临无法预料的突发情况时，必须马上采取措施并把握关键的第一时间，发挥高度的智慧，运用科学的方法以及团队的合作精神，在事前有效预防、事中迅速化解和事后妥善善后，这一连串的历程就是危机管理。它是一种有规划的、系统的、持续改善的以及动态的管理历程。

朱德武认为，危机管理是指个人或组织为了预防危机发生，减轻危机发生造成的损害，尽早从危机中恢复，或者为了某种目的而在有控制的情况下让危机发生，针对危机和可能发生的危机采取的管理行为。

综上所述，我们认为，危机管理是事前预防、事中处置、事后修复的过程。高校危机事件管理的目标就是保护师生的生命和健康、个人和公共的财产安全，维护正常的教学、科研秩序和环境，尽量将危机转为机遇。高校建立完善的危机管理组织体系是处理危机情境和危机事件的组织保障。

（二）大学生危机事件管理的对策

1. 危机前的预防

（1）加强学习培训及演练，树立危机意识

危机意识是危机预警的起点，是在日常的管理工作中，使相关人员对危机事件的发生保持一种时刻的警惕而需要进行的相关教育与培训活动，对可能产生的危机进行有计划、有目标、有针对性的训练和演习，如与消防、卫生、公安等部门合作，开展消防、食物中毒、反恐怖袭击等多种演习。通过培训和演习，培养师生的危机意识，克服危机真正发生后的恐慌和麻痹心理，提高危机应对能力。学校可以采取多种方式强化危机意识，如将危机意识培养列入教学计划，对学生进行危机知识训练，把危机事件案例引入教材，引发学生讨论当危机来临时如何自救及帮助他人，发放校园应急手册，使学生了解发生危机后应采取的步骤，使危机管理常规化等。

（2）建立和完善危机管理组织体系

危机管理组织体系是处理危机情境和危机事件的组织保障，其目标就是保护师生的生命和健康、个人和公共的财产安全，维护正常的教学、科研秩序和环境。危机管理理论认为：一个相对完善的危机管理体系应包括危机管理的组织机构、危机决策机制、危机沟通机制、危机控制机制和危机恢复机制。

（3）完善危机预警机制

一是建立危机预警系统。信息监测子系统要建立覆盖面广的信息网络，监测校园容易产生危机的对象、范围，及时收集、分析处理学生对教学、管理、服务等各方面的信息，并传递给学校决策层，通过调查研究，有针对性地采取措施进行工作改进或补救，形成快速的反馈机制。二是明确危机管理责任制。既要明确在危机不同阶段各职能部门及教职工的职责范围和应采取的措施，又要明确组织和个人因工作过失造成重大危机的责任者所应承担的责任。三是制定和完善危机应对计划。危机管理领导小组对可能发生的危机事件，应在总结经验和吸收危机管理研究成果的基础上，制定出应对措施，并使之制度化。

2. 危机中的处置

危机事件的发生是防不胜防的，一旦发生，学校各部门、工作人员就要在危机管理领导小组的指挥下，按照危机管理的制度和程序有条不紊地开展工作，以减少危机损失，直至消除危机。

（1）启动危机管理应急预案，落实各项措施

当危机爆发的时候，学校应立即启动危机应急预案，危机管理小组和常务工作小组应立即展开工作。危机爆发时，往往给高校的正常运转带来一定的影响，甚至会导致管理上的混乱或瘫痪。在这种情况下，高校危机管理领导小组必须打破常规，进行直线型管理指挥，构筑"防火墙"隔离危机，减少并消除危机损害。在确定危机性质、估量危机的发展趋势及其后果的基础上，协调校内各部门和相关社会职能机构解决应对危机所需的物资和设备。

（2）要进行有效危机管理沟通，把握舆论导向

危机管理的沟通包括与校内师生、教育主管部门、政府部门、学生家长、

新闻媒体、周围社区、兄弟院校等的沟通。危机发生时，必须告知学校的教职工、学生、学生家长，学校发生了什么事，应该做些什么事，学校正在做什么事，要尽最大努力稳定局面，消除恐慌心理，避免慌乱行动。必须让新闻媒体获得客观的、及时的信息，避免小道消息、假消息的传播。此外，必须与其他紧急事件公共服务部门保持联系，争取协作和支援。

3. 危机后的修复

（1）恢复秩序并消除影响

突发危机事件基本平息后，立即恢复正常的教学、管理和生活秩序，消除因突发危机事件给师生带来的各方面影响。继续做好善后工作，深入开展思想教育和整改工作。

（2）开展危机综合评估

要对刚刚过去的危机进行风险分析评估。对危机的性质、诱因、演变过程、管理过程、善后处理措施及效果等进行综合评估，总结经验教训，更好地完善高校的危机管理体系。同时，要针对其他潜在的危机进行风险评估，防患于未然。此外，应该及时将有关资料整理归档，建立起完备的危机管理档案。

（3）建立学习与创新机制

危机平息并不意味着危机管理的结束，必须开展学习和创新，将已经历的"危险"转化为"机遇"，树立"以人为本"的管理理念，改革那些不适应社会发展、学校发展的教育教学管理模式，不断提高组织的危机管理能力。

第二节　身体健康危机事件的处置

一、过度疲劳猝死危机事件的处置

（一）过度疲劳猝死相关概念

疲劳是一种主观不适的感觉，但客观上会在同等条件下，失去其完成原来所从事的正常活动或工作的能力。

过度疲劳是指工作时间过长、劳动强度过大、心理压力过重导致的亚健康状态。它最大的隐患是使身体潜藏的疾病急速恶化，如导致高血压等基础疾病恶化，引发脑血管病或者心血管病等急性循环器官障碍，甚至出现致命的症状。

　　一个人经常加班、熬夜、休息不好，时间长了就会导致焦虑、失眠、记忆力减退、精神抑郁，甚至引发抑郁症和精神分裂症。如果这种疲劳持续六个月或更长时间，身体就可能会出现低烧、咽喉肿痛、注意力下降、记忆力减退等症状。而且，非常严重的长期性疲劳很可能就是其他病症的先兆。

　　人们常说的"过劳死"实际是长期过度的劳累，引发人体心力衰竭、肺衰竭、肾衰竭、心肌梗死等病症造成的猝死。这种猝死的原因主要是冠心病、主动脉瘤、心瓣膜病、心肌病和脑出血，与一般猝死没什么不同。只不过过劳者忽略了这些病的潜在性，以致酿成严重后果。但若没有过度劳累这个诱因，猝死可能就不会发生。

（二）危机处理

1. 危机预防

（1）高校方面

①加强对学生的教育、引导和管理，纪律上严格要求，生活上细致关心。

②增加体育课，增强大学生身体素质。

③合理分配工作，不能让学生有太大的压力，并随时监督进度。

（2）大学生方面

充分认识到身体素质的重要性，加强体育锻炼，提高身体素质。

①充分认识加强体育锻炼的意义。

②充分认识大学生体育锻炼的优势。

③了解锻炼对大学生健康成长的益处。

④认识锻炼或健身对身体的具体益处。

2. 危机处置

①如遇学生抽搐或者昏迷不醒时，立即联系 120 进行抢救，并通知家属，从家属口中了解该生的病史，方便 120 抢救。

②如学生的过度疲劳只是表现在精神方面，应定期找学生谈心，进行心理疏导，引导学生爱上体育锻炼。

③发现学生有过度疲劳的苗头，主动采取措施加以制止。如果是学习或工作方面压力太大，要主动联系负责人减轻学习或工作强度；如果是因娱乐而疲劳，辅导员根据学生管理办法严肃处理。

④通过媒体合理发声，解释危机事件的原委，不要引发大家的恐慌。

3. 危机修复

①充分发挥班团干部作用，让他们帮助辅导员及时发现问题、解决问题。

②对过度疲劳人群进行定期心理疏导，并对其进行生命教育。

③班级活动增加体育项目，强身健体。

④与家属协商处理好后续事宜。

⑤加强宿舍巡逻，督促学生夜晚准时睡觉、早上按时起床。

⑥增强任课老师、辅导员、学生干部等的责任心，随时掌握学生动态。

二、校园传染病危机事件的处置

（一）校园传染病相关知识

传染病是由各种病原体引起的能在人与人、动物与动物或人与动物之间相互传播的一类疾病。病原体可以是细菌、真菌、病毒及寄生虫等。病原体可使被感染者的免疫力降低，严重的会导致死亡。这些病原体死亡，用不同的方法，感染给他人时，病源在人或动物感染给个人和对方的同时，让别人也能感染同样的病。

（二）危机管理

1. 危机预防

（1）高校方面

高校要形成传染病事件的监测、预警与报告制度，做好预防工作。

①监测。每天监测学生身体状况，凡是因生病请假，必须有病历，根据病历做好系统记录，随时跟踪回访。

②预警。按照医疗保健、疾病预防控制、卫生监督机构发布的信息，教育系统可参照传染病的规律和特点，在危害公众健康程度的报告中提供可能的趋势分析，及时做出预警。也可利用监测网络，对产生的预警信号做出初步的处理措施。

③报告。具体过程包括：首先在学校阶段，通过实时扫描症状监测信号，对达到阈值的学校进行风险提示；其次，经学校确认无误逐级上报至区县级、市级管控机构，达到预防疾病扩散和蔓延的目的。

（2）大学生方面

①掌握传染病的相关知识，加强防御传染病的意识。

②做好寝室清洁卫生，勤换衣服、勤扫地、勤开窗等。

③养成良好的个人卫生习惯，做好个人卫生，个人物品不混用。

④加强体育锻炼，提高身体抵抗力。

⑤定期进行疫苗的接种，防御传染病。

2. 危机处置

①及时将传染病患者送医治疗，联系家属，做好相关工作。

②控制传染病蔓延。高校要严格控制传染病，因为传染病的传播必须同时具备前文所提到的三个条件——传染源、传染途径和易感人群，形成传染链。因此，想要控制传染病在校园内的蔓延，也必须针对这三个条件采取相对应的预防和控制措施。第一，管理和控制传染源；第二，切断传播途径；第三，保护易感人群。

3. 危机修复

①加强对传染病学生的心理疏导。

②加强对学生的教育管理，引导他们正确防御传染病。

③媒体上正面发声，让学生不要恐慌，进行正常的学习工作和生活。

④教育全体学生注意清洁卫生，多通风、勤洗澡、勤换衣等，提倡垃圾下楼，不要在楼道堆放垃圾，避免老鼠、蟑螂等的繁殖。

第三节　"校园贷"危机事件的处置

一、"培训贷"危机事件的处置

（一）"培训贷"

"培训贷"一般指培训机构和P2P网络贷款机构进行合作，对培训者进行借贷，培训者以分期付款的方式进行还款。现在招聘公司（实则为培训机构）多借助招聘网站以招聘的形式对求职者进行有偿高额培训。

进行"培训贷"简要流程为：公司一般以应聘者能力不达标为由，或招聘要求极低，要求应聘者进行岗前培训，产生上万元的培训费（另加高额利息），后续通过贷款软件进行分期还款，然而培训完之后并不会入职，而是要求应聘者另找工作。培训贷针对人群以刚毕业的大学生、转行人员为主，套路主要体现在以下两点：

第一，学生求职时遇到待遇优厚的公司，与公司签订实训就业协议时被告知需要交付一笔高额培训费用，很多学生无力缴纳，公司人员表示可以先在公司或者第三方贷款，等挣了工资每个月再还。学生办理贷款后，公司承诺的高薪一分钱没拿到，但因办理了培训贷，欠下了上万元的贷款。

第二，一些非法公司以校内公益讲座的名义，吸引学生参加一对一免费的职业测试。其间，"导师"不断游说学生加入职业培训班，许以美好愿景，后让学生通过第三方贷款公司无抵押贷款交学费。

（二）危机处置

1. 危机预防

（1）高校方面

①加大对培训贷套路的普及力度，提高防范风险的能力。

②加强就业观、择业观教育，规劝一步一个脚印踏实努力，不要走捷径。

③就业办要严把就业单位关口，对不适合的单位不予引荐。

④辅导员要为家庭经济困难的学生建立特别关注档案，经常谈心谈话。

⑤对毕业生要一对一帮扶，随时跟踪了解学生就业情况，出现问题及时给予解决。

（2）大学生方面

①要树立正确的就业观，经常积极主动找老师沟通交流思想和工作动态，重视找工作的每一个环节。

②正确认识校园贷，明确包括培训贷在内的校园贷的风险。

2. 处置办法

①接到学生反映，立即举报该公司，提供相关的证据，不让更多的学生上当受骗。

②如果合同没有纰漏，不能立案，要协助学生积极和公司沟通，处理退钱事宜。

③联系家长，和家长商议尽快妥善处理，不给学生更多的精神压力和经济压力。

3. 危机修复

①了解班级学生还有多少人参与了培训贷，一并处理解决。

②全校范围内通报该公司和该行为，让更多学生引以为戒。

③就业办要加强对招聘公司的审核，避免某些不法分子浑水摸鱼。

二、"回租贷"危机事件的处置

（一）"回租贷"

所谓"回租贷"即申请人以"抵押"手机的形式借款，但实际上手机仍在申请人手中的贷款形式。平台评估手机后，给出申请人可以借款的额度和需要支付的服务费，但双方签署的并非借款合同，而是租赁合同。借款后，申请人还款以支付租赁费"回租"手机的名义，付出高额费用。这样做，一方面，避免了借款合同中年利率的限制；另一方面，通过要求申请人改换 ID 账号和密码、读取通讯录等做法，掌控申请人的隐私信息。

社交平台上，提供这种"回租手机"的贷款、"手机分期现金贷"的商家不在少数。早在 2017 年 5 月，互联网金融整治办就下发了《关于提请对部分"现金贷"平台加强监管的函》，要求清理整顿手机"回租贷"，即贷款过程中搭售其他商品、通过虚假购物再转卖放贷等变相开展的"现金贷"业务。

（二）危机管理

1. 危机预防

（1）高校方面

①多角度、多渠道普及回租贷的危害。

②教育学生懂得手机信息的重要性，不能泄露，不给不法分子可乘之机。

（2）大学生方面

①懂得如何辨别高利贷。自 2015 年 9 月 1 日最高人民法院《关于审理民间借贷案件适用法律若干问题的规定》施行后，判断是否为高利贷，以年利率是否超过 36% 为标准，超过即为高利贷。但按照 App 上提供的日利率，其年利率符合国家的相关规定。实际上，平台私底下收取的高额费用，都是以"租赁费""手续费""服务费"等名义收取的，钻了法律的"空子"。

②随时保护好自己的个人信息，不得向任何人透露，现在网络太发达，警惕意识要强。

2. 危机处置

①发现有人使用回租贷后，立马联系学生家长，确保学生安全。

②辅导员找学生谈心谈话，进行心理疏导，主动给予帮助。

③危机处理过程中安排学生干部关注贷款学生动态，有异常情况随时上报。

④情况严重者，联系学校保卫部随时监控受害学生的行踪，有异常随时通报。

3.危机修复

①通过学生干部、寝室成员等全面掌握学生经济情况和他们的开支情况，把工作做深做细，积极预防。

②全面加强回租贷知识的普及，让学生们树立防范意识。

③对被贷款公司骚扰的学生进行心理疏导，告知他们如何防范。

三、"刷单贷"危机事件的处置

（一）"刷单贷"

刷单是店家付款请人假扮顾客，用以假乱真的购物方式提高网店的排名和销量，获取销量及好评吸引顾客的虚假购物行为。刷单，一般由买家提供购买费用，帮指定的网店提高销量和信用度，并填写虚假好评以欺骗其他消费者。

通过这种方式，网店可以获得较好的搜索排名，比如，在平台搜索时"按销量"搜索，该店铺因为销量大（即便是虚假的）会更容易被买家找到。一般可分为单品刷销量为做爆款和刷信誉以提高店铺整体信誉度两种。刷单是一种违法现象，且诈骗情况居多。

通常，不法分子自称网贷平台职工"刷单冲业绩"，并支付小额佣金作为报酬，以此诱导在校学生用自己的身份信息申请网络贷款，将放款转账至骗子提供的指定账号，骗子会按照约定偿还前几期的月供取得信任，后期骗子拿了放款的钱跑路，尚未偿还的款项仍需由申请贷款的学生自己来偿还。

（二）危机管理

1.危机预防

（1）高校方面

①高校要加强对学生的刷单贷教育，让学生充分认识到刷单贷是一种骗局。

②教育学生树立正确的消费观。

③给学生提供更多的勤工俭学岗位，为他们的经济状况提供一定保障。

④定期进行刷单贷排查，可以签订拒绝刷单贷的承诺书。

⑤加强对学生的法治教育。

（2）大学生方面

①大学生要充分认识刷单贷的类型，以免上当受骗。

②大学生充分认识刷单贷的套路。

③大学生要树立正确的消费观，不盲目消费，不要贪小便宜。

④大学生要知法懂法。

⑤不办理和使用大额度信用卡，不给自己犯错的机会。

2. 危机处置

（1）联系学生家长，告知事情的严重性。

（2）根据学生和家长的意愿，选择是否需要报警，如果需要报警，辅导员要积极协助。

（3）对受害学生进行心理疏导。

（4）安排工作人员 24 小时看护好受害者，以免发生意外。

3. 危机修复

（1）召开主题班会，加强教育。

（2）根据受害者的意图，保护受害者隐私。

（3）告知学生，不要使用大额度信用卡，以免控制不住，挥霍消费。

（4）帮助学生制订每月、每期消费计划，并定期进行指导检查。

（5）充分了解学生家庭经济情况，对家庭经济困难学生给予更多的经济帮助。

第四节　社交危机事件的处置

一、沾染毒品危机事件的处置

（一）毒品的相关知识

根据《中华人民共和国刑法》第 357 条规定，毒品是指鸦片、海洛因、甲基苯丙胺（冰毒）、吗啡、大麻、可卡因以及国家规定管制的其他能够使人形成瘾癖的麻醉药品和精神药品。《麻醉药品及精神药品品种目录》中列明了 121 种麻醉药品和 130 种精神药品。毒品一般分为两类，麻醉类和精神类。最为常见的毒品是麻醉药品中的大麻类、鸦片类和可卡因类。

（二）危机管理

1. 危机预防

（1）高校方面

①加强对学生入学资格的审查，曾经有过吸毒史或者毒品交易史的要慎重办理入学。

②通过各种方式宣传毒品对社会的危害、对身心的危害，教育大学生，不得主动或者被动沾染毒品，不得进行非法交易等。

③聘请法律专家给大学生普及法律知识。

④加强对大学生的社会主义核心价值观教育，帮助大学生树立正确的人生观、世界观、价值观。

（2）大学生方面

①充分认识毒品，对任何形式的毒品要时刻保持警惕，不要盲目地好奇或者尝试。

②大学生要充分了解法律，知晓哪些事可以做，哪些事不能做，哪些是底线。

③树立正确的世界观、人生观、价值观。

④少去娱乐场所，拒绝陌生人赠送的香烟或饮料。

⑤慎重交友，尽量不与有不良嗜好的人交朋友。

⑥不小心沾染上毒品，要立即寻求帮助。

2. 危机处置

（1）联系家长，将学生情况告知家长，同时了解学生过去的情况，力争将苗头扼杀在萌芽状态。

（2）若学生参与吸毒或者毒品交易，该生行为已经触犯了法律，及时联系警方。

（3）做好学生的心理疏导，犯了错误，就要勇于承担责任。

3. 危机修复

（1）排查与该生联系紧密的同学，有无异常情况，进行实时跟踪。

（2）加强对学生的宣传教育，让大家引以为戒。

二、酗酒危机事件的处置

（一）酗酒的相关知识

酗酒是指无节制地过量饮酒，能使人不同程度地降低甚至丧失自控能力，实施某种有伤风化或违法犯罪的行为。各国刑法和犯罪学家都认为酗酒行为有一定的社会危害性，但对危害的严重程度认识不同。

医学界将酗酒定义为：一次喝5瓶或5瓶以上啤酒，或者血液中的酒精含量达到或高于0.08g/dl。由于大量酒精会杀死大脑神经细胞，长此以往，会导致记忆力减退，还可能引起脂肪肝、肝硬化等肝脏疾病，情况严重者必须进行肝脏移植才能保全性命。

（二）危机管理

1. 危机预防

（1）高校方面

①学校应高度重视大学生酗酒问题，积极进行有针对性的思想教育，营造良好的文化氛围，宣讲酗酒对身体的伤害。

②加大宣传力度，详细揭示酗酒的危害，鼓励学生多参与健康的文体活动，充实学生业余生活。

③提倡文明健康的社交礼仪和待友之道，倡导全新的酒文化，劝诫学生少喝酒或不喝酒，杜绝酗酒行为发生。

④开展有针对性的心理健康教育，让学生选用合适的方式宣泄自己的不满情绪，不要借酒消愁。

⑤选择典型的酗酒案例，以案说法，对大学生进行法制教育，达到警示和震慑作用，提高他们的法制意识。

⑥及时了解学生动态，有酗酒苗头的，立即采取相应措施进行阻止和帮助。

（2）大学生方面

①朋友聚餐，要有全新的酒文化，不以喝酒论"英雄"。

②如遇不开心的事情，学会自我调节，不要喝闷酒或者酗酒。

③遇到同学酗酒，要积极主动汇报老师。

④充分认识到过量饮酒的危害性，通过心理疗法，彻底戒除酒瘾。

2. 危机处置

①查清楚酗酒地点和状况，辅导员或者学院其他老师第一时间赶到现场，阻止酒后打架斗殴或者寻衅滋事危机事件的发生。

②酗酒学生如果问题严重，第一时间送医院进行救治。

③将情况及时汇报学院和学校。

④根据事件严重程度，通知家长，并根据学校相关条例，给予相应处理。

⑤如有伤者，根据事情严重程度，可以报警。

3. 危机修复

①及时了解酗酒学生的酗酒原因、生活状况等，对其进行劝导，使学生认识到自己存在的问题。

②安排学生干部随时关注学生生活及学习动态，进行一对一帮扶。

③及时与家长取得联系，沟通情况。

④如果学生有酒精依赖症，建议家长带学生去医院进行戒酒治疗。

⑤如有公物损坏，照价赔偿，并给予相应处理。

⑥对所有参与饮酒学生进行批评教育，杜绝此类事件的再次发生。

三、室友矛盾危机事件的处置

（一）室友矛盾的相关知识

1. 矛盾概念

矛盾反映了事物之间相互作用、相互影响的一种特殊的状态，"矛盾"不是事物，也不是实体，它在本质上属于事物的属性关系。这种属性关系是事物之间的一种特殊的关系，这种特殊的关系就是"对立"，正是由于事物之间存在着这种"对立"的关系，所以它们才能够构成矛盾，而室友矛盾是大学最常见的矛盾之一。

2. 室友矛盾产生的原因

不同性格、爱好、习惯、家庭背景的人同居一室，产生矛盾是难免的。主要有以下几种原因：

（1）物品失窃

只要宿舍发生物品丢失事件，无论什么原因，都可能导致室友之间互相猜疑，给室友关系带来较大影响。

（2）侵犯隐私和个人空间

有的人天生好奇心强，对室友的事总爱刨根问底，甚至偷听室友电话、翻看室友日记、偷看室友网络聊天记录等，也有人经常未经允许使用室友物品。如此种种，侵犯了室友的隐私，势必引起室友反感，极易产生矛盾。

（3）值日清洁问题

宿舍是属于全体室友的公共空间，应由全体成员共同维护。如果有人不认真值日，势必影响宿舍卫生，极易导致其他室友心理不平衡，引发室友矛盾。

（4）性格不合

学生性格各不相同，有的外向，有的内向。两个性格差异较大的人同处一室，相互之间往往沟通不畅，时间一长就容易产生矛盾。

（5）生活习惯差异

有人喜欢熬夜，有人喜欢早起；有人喜静，有人喜动；有人喜欢看书，有人喜欢听音乐，不同生活习惯的人住在一起，出现矛盾是难免的。

（6）心理落差太大

学困生与学优生，相貌平平者与英俊漂亮者，家庭条件不好者与家庭条件优越者等某方面条件相差较大的人同处一室，特别是有些处于强势地位者自视过高，瞧不起弱者，极易引发弱者的嫉妒心理，导致出现矛盾。

（7）缺乏沟通

网络电子媒介的流行，使学生网上交流增多，而室友之间面对面交流减少。由于缺乏相互沟通，遇到一点事就容易引发矛盾。

（二）危机管理

1. 危机预防

（1）高校方面

①及时引导学生正视矛盾，不要逃避，用积极的心态解决问题。

②从新生入学开始，通过新生入学教育、开展讲座、文明宿舍评选等多种方式引导学生建立和谐的宿舍关系。

③以活动为载体，在活动中培养学生的人际关系处理能力。

④做好日常学生的思想教育和引导工作，构建班级班长动态信息反馈机制，定期召开班干部会议，不定期走访宿舍，关注学生的朋友圈，了解学生的思想动态，及时发现矛盾苗头，排除问题隐患。

（2）大学生方面

①不要在室友背后说其坏话。

②不要因为某些原因嘲笑室友，即便他本人对此并不会有太大的反应，其实寝室中多数矛盾的爆发都是来自平时的一些积累。

③不要跟室友借钱。

④不要打扰室友休息。

2. 危机处置

①在问题处理过程中，辅导员应积极主动地把控全局，一定要客观公正，不可偏袒任何一方，并把握好现场的谈话方向和气氛，双方如有过激言行，要马上制止，做到公平、公正。

②第一时间送受伤学生去医院医治，并进行医疗费用的垫付，抢救生命最重要。

③通知家属到场，协商解决医疗费用的问题。

④如果涉及学生已经违法了，必须报警，等待警方的处理和法律的制裁。

3. 危机修复

①排查所有寝室是否私藏管制刀具。

②安排学生干部做好摸底工作，有异常情况随时上报。

③根据需要，可以给双方调整寝室。

④做好班级同学的思想教育工作，确保正确的舆论导向。

第五节　意外事故危机事件的处置

一、校园火灾危机事件的处置

（一）火灾的相关知识

火灾是指大火在时间或空间上失去控制的燃烧。在各种灾害中，火灾是最经常、最普遍威胁公众安全和社会发展的主要灾害之一。人类能够对火进行利用和控制，是文明进步的一个重要标志。所以说人类使用火的历史与同火灾做斗争的历史是相伴相生的，人们在用火的同时，不断总结火灾发生的规律，尽可能地减少火灾及其对人类造成的危害。但是，火也给人类带来了巨大的灾难，火一旦失去控制，超出有效范围的燃烧，就会烧掉人类经过辛勤劳动创造的物质财富，甚至夺去了人们的生命和健康，造成难以挽回和弥补的损失。

据统计，火灾是威胁人类安全的重要灾害，党和国家为了保护人民生命财产的安全，保卫社会主义现代化建设的顺利进行，每年投入数十亿元用于防火工作。尽管如此，我国每年因火灾造成的人员伤亡数量仍然不小，经济损失相当严重。

大学校园里，火灾也是威胁我们安全的重要因素。有关部门统计资料表明，大学里火灾比盗窃的经济损失高出十几倍。有的学校整座教学楼、实验室被烧，损失了许多珍贵的标本与图书，严重影响了教学、科研活动的正常进行。

（二）危机管理

1. 危机预防

（1）高校方面

①校园里有火灾隐患的地方主要有以下几个地点，必须加强对以下地点的安全隐患排查：

第一，宿舍楼。有的同学因为嫌打热水麻烦，就在宿舍使用烧水的"热得快"，旁边无人看管或忘记拔插头，很容易发生爆炸。或者因为温度过高引燃周围的物品，如书本、床上用品、木质桌柜等，诱发火灾；或者因为使用的电器过多而提供的插座不够用，因此私自拉接插座，引起电路短路，从而成为火灾的导火索；或者购买劣质的充电器或台灯，因为使用时间过长老化而引燃周围的书本或床单；或者男生宿舍抽完烟后，未将烟头掐灭，而随手扔进垃圾桶点燃废纸引起火灾等。

第二，教学楼。因为电线老化而出现漏电引起火灾，点燃教室里木制的桌椅等，毁坏教室的教学设施，更严重的会引发爆炸事故，造成更多损失和伤亡。

第三，图书馆。图书馆里的书籍和重要的文献比较多，如果发生火灾对于高校的损失是不可估量的，学生抽烟的烟头和漏电的电线等都可能引发火灾。

第四，实验室。尤其是化学实验室，如果操作不当会发生爆炸，引发火灾。

②对学生正确使用灭火器具进行培训和实践演练。

③加强管理，禁止违禁电器进校园。

④加强消防设施、设备和灭火器材的定期检查，保持消防疏散通道的畅通。

⑤加强教育管理，不断提升师生的消防安全意识，尤其是学生，彻底打消他们的侥幸心理。建立学校、公安消防部门、社会各相关部门密切协作的学校消防安全教育机制，部门联动，齐抓共管。

（2）大学生自身预防

①大学生寝室防火。

第一，不乱扔烟头，不躺在床上吸烟，不焚烧杂物，不私拉乱接电线、网线等。

第二，不使用烧水棒、电热毯、电饭煲、电磁炉等大功率用电器。

第三，不在走廊、楼梯口等处堆放杂物，要保证通道和安全出口的畅通。

②校园火灾的逃生自救方法。

第一，火灾来袭时要迅速逃生，不要贪恋财物。

第二，平时要了解掌握火灾逃生的基本方法，熟悉几条逃生路线。

第三，受到火势威胁时，要当机立断披上浸湿的衣物、被褥等向安全出口方向冲出去。

第四，穿过浓烟逃生时，要尽量使身体贴近地面，并用湿毛巾捂住口鼻。

第五，身上着火，千万不要奔跑，可就地打滚或用厚重衣物压灭火苗。

第六，遇火灾不可乘坐电梯，要向安全出口方向逃生。

第七，室外着火、门已发烫时，千万不要开门，以防大火蹿入室内。要用浸湿的被褥、衣物等堵塞门窗，并泼水降温。

第八，若所有逃生线路被大火封锁，要立即退回室内，用打手电筒、挥舞衣物、呼叫等方式向窗外发送求救信号，等待救援。

2. 危机处置

①充分调查火灾发生原因，追溯源头，如果由于学生个人原因造成火灾的，需要根据学生违纪处分条例对其进行处置；如果因校园自身设计问题导致火灾造成人员伤亡的，责成相关部门进行问责处理。

②辅导员做好受处分学生的思想工作。

③班级干部确保受处分学生尽快走出火灾和处置的影响，重新投入学习和生活。

④加强对发生火灾的宿舍同学的心理疏导，让他们能安心睡觉、安心生活和学习。

3. 危机修复

校园火灾危机事件发生后，为了预防火灾的再次发生，需要做好如下善后工作：

①解除应急状态。危机事件处理完毕后，学校应宣布解除应急状态，开展善后工作。

②实施火灾救济救助。调查统计火灾危机事件造成的损失，哪些是可以由学校处理和安抚的，如果是宿舍火灾，发生火灾的宿舍需要暂时调整到其他宿舍，做好学生安抚工作。

③火灾后的维修。火灾发生后，势必有建筑物或者其他东西的毁坏，要在最短的时间内恢复原貌，恢复校园的和谐安宁。

二、地震危机事件的处置

（一）地震的相关知识

地震又称地动、地振动，是地壳快速释放能量过程中造成的振动，其间会产生地震波的一种自然现象。地球上板块与板块之间相互挤压碰撞，造成板块边沿及板块内部产生错动和破裂，是引起地震的主要原因。

地震开始发生的地点称为震源，震源正上方的地面称为震中。破坏性地震的地面振动最剧烈处称为极震区，极震区往往也就是震中所在的地区。地震常常会造成严重的人员伤亡，能引起火灾、水灾、有毒气体泄漏、细菌及放射性物质扩散等灾难，还可能造成海啸、滑坡、崩塌、地裂缝等次生灾害。

（二）危机管理

1. 危机预防

（1）高校方面

①高校要加强大学生的地震逃生演练。

②定期对建筑、高大树木进行防震普查，发现危险隐患，及时处理。

③普及地震知识，使师生员工能够在地震发生时临危不惧，正确避震，并有序撤离危险地带，确保自己安全。

（2）大学生方面

①充分掌握地震来临时的逃生方法，分为地震发生在公共场所怎样逃生、地震发生在户外怎样逃生、地震发生在学校怎样逃生和地震发生在野外怎样逃生。

②地震发生在校园逃生注意事项。

第一，在学校里面，最安全的地带是大操场。

第二，当学校里发生地震的时候，不能慌乱外逃，更不能跳楼。应该迅速躲在各自的课桌下面，双手牢牢握住桌腿背部朝上，如果课桌不够多，可选择躲在墙角处。如果所处教室的楼层比较高，在发生地震时，一定不能使用电梯逃生。

第三，在逃离的过程中应该注意：一切行动听从老师的指挥，同学之间要互相照顾，要关心、照顾残疾同学。

2. 危机处置

①校园发生地震，学校要立即组织救援，辅导员组织学生有序转移到操场或者草坪等宽阔安全地带。

②学校成立救灾指挥部，统一指挥，组织自救或者协同专业救援队伍救援。

③分区域安置各班、各年级、各学院的人员，以便清点人员，对未到场人员的实施精准救援。

④对受伤人员进行积极救治，同时通知家长。

⑤对化学实验室等要进行封锁，防止发生二次灾害。

⑥准备好充足的食物和水等应急资源，以备灾后之需。

⑦学校信息技术中心保证网络的畅通，不能在关键时刻中断与外界的联系，影响救援。

3. 危机修复

①及时开展校内人员的伤亡统计，及时上报相关部门。

②对失联学生进行多方寻找和搜救，不放弃。

③对在地震中受伤学生的家属进行安抚，协助家属及时处置伤亡学生。

④如遇地震将学生宿舍、食堂、教室等毁坏，学校以最快的速度进行修葺，尽快维护好校园秩序，恢复正常的教学生活。

⑤对经历地震的同学进行心理疏导，消除其心理创伤。

⑥关注余震发生情况，及时事前通报，鼓励师生科学应对余震，战胜自然灾害。

第六节　心理危机事件的处置

一、抑郁症危机事件的处置

（一）抑郁症的相关知识

抑郁是一种愁闷的心境，表现为情绪反应强度的不足。抑郁在大学生群体中的表现较为普遍。例如，有些学生因为无法面对学业中的竞争和学习的压力，或是对于所学的专业不满意，而陷入忧郁的情绪状态，表现为对生活、学习失去兴趣，无法体验到快乐，行为活动水平下降，回避与人交往。严重者还伴有心境恶劣、失眠，甚至有自杀倾向。

特别需要提出的是，抑郁情绪与抑郁症相互既有联系，又有质的区别。前者属于一种不良情绪困扰，需要的是心理上的调整；而对于后者，则属于精神疾病的患者，需要及时到医院就诊。

抑郁的主要表现：

①压抑、苦闷。

②负面自我评价，无价值，无意义，悲观失望。

③缺乏兴趣，依赖性强。

④反应迟钝，活动水平下降。

⑤回避交往。

⑥体验不到快乐，自卑、自责、自罪。

⑦身体反应（失眠、食欲下降、言语动作迟缓、乏力、面色灰暗、哭泣、叹息等）。

⑧自杀倾向。

（二）危机管理

1. 危机预防

（1）高校方面

①及时了解学生的思想动态，对重点同学进行重点关注，定期谈心谈话。

②每学期开学进行心理检测，并进行数据分析，对有明显抑郁症的学生进行帮扶开导。

③创造良好的文化生活环境，有意识地组织重点对象擅长的活动，鼓励他们积极参与，培养学生积极向上的思想意识。

④对学生精神生活进行积极引导，避免学生产生极端思维和情绪。

（2）大学生方面

利用心理调节的方法进行自我调节。

①宣泄法。通过这种方法将内心不良的情绪体验表达出来，往往可以减轻情绪反应的强度，缩短情绪体验的时间，从而使情绪可以得到较好的恢复。

②转移法。改变消极观点，把不愉快的活动转向愉快的活动，将消极观点

进行调整，分析不合理的思维，多想些开心、快乐的事情。

③任务分级法。把目标或活动分解成小目标或更小的行为定式，减少对自己的压力，其目的是使任务更简单化，以便能完成这些任务，从而获得成功的强化。

④改变自我评价。用积极的自我陈述取代消极的自我评价。

2. 危机处置

①构建心理预警机制，辅导员或心理咨询师对学生进行定期心理筛查，并进行数据分析，定期进行谈心谈话。

②当学生告诉辅导员自己有抑郁症时，辅导员应该认真对待，不要妄加评论，立即帮助学生找专业人士进行诊断和治疗。

③若学生已经达到吃药的程度，监督学生按时吃药，早日康复。

④如果学生有伤害自己的危险，不要让该生离开，直到该生内心完全平复才可以离开，同时安排学生干部24小时监护，防止出现冲动自伤、自杀或者他杀的行为。

3. 危机修复

①辅导员要循序渐进地取得学生的信任，如果是男性辅导员面对女学生，可以求助女性辅导员同事或者学校心理咨询师的帮助，不能"短平快"。

②随时关注学生的动态，深入他们的圈子，做到"三知"，知道学生在想什么、在哪里、在做什么，对下一步即将发生的事情，有一个很好的预判。

③联系学生家长，一定要和学生的父母沟通。

④寻求朋友帮助，让学生得到更多的关心和爱护。

⑤督促学生按时就诊，按时吃药，缓解病情。

⑥如果病情加重，严重影响自己和他人的学习和生活，建议学生办理休学手续，回家安心治疗，病情好转再复学。

二、焦虑症危机事件的处置

（一）焦虑症的相关知识

焦虑是一种复杂的心理，焦虑本身并非是一种情绪困扰，适度焦虑有益于个人潜能的开发。这里所说的焦虑危机是指学生的焦虑程度已经构成了对学习和生活的不良影响或干扰。过度焦虑会使人因过度紧张而产生注意力分散和工作学习效率降低的问题。焦虑不只停留于内心活动，如烦躁、压抑、愁苦，还常外显为行为方式，表现为不能集中精力，坐立不安，失眠或经常在梦中惊醒等。

大学生如果长期陷入焦虑情绪不能自拔，内心便常常被不安、恐惧、烦恼等负面体验所累，行为上会出现退缩、冷漠等情况。

（二）危机管理

1. 危机预防

（1）高校方面

①辅导员必须 24 小时保持手机畅通，随时接听学生电话或者查看短信。

②辅导员随身携带学生及家长的联系方式，以备不时之需。

③及时了解大学生的思想动态，对遭遇重大危机事件，有精神压力、思想负担的同学给予重点关注。

④在特殊学段做好心理摸底，对有明显焦虑症的学生进行帮扶开导。

⑤健全学生家长 24 小时值班制度，处理突发事件。

⑥保安加强巡逻，尤其是校园僻静或者事故多发地方，消除隐患。

⑦学校和学生家长保持紧密联系，充分掌握家庭情况，有助于辅导员有针对性地开展工作。

（2）大学生方面

①加强自我调节。要意识到自己这是焦虑心理，然后正视它。有意识地在行为上表现得快活、轻松和自信，并运用注意力转移的原理，及时消除焦虑。

②如果情况严重，积极就医，通过药物来治疗，不要讳疾忌医。

2. 危机处置

①分析找出造成学生焦虑情绪的原因，对症下药，用亲情和友情的力量帮助学生化解心结。

②药物治疗、心理疏导都能在一定程度上减轻学生的思想负担，让学生可以用更好的心态积极面对工作和生活。

③适当的体育运动可以调节压力，放松身心。

3. 危机修复

①建立跟踪调查机制，实时掌握被焦虑困扰的学生的生活学习工作状况，一旦出现异常及时采取相应措施，控制事态发展。

②与家长做好沟通工作，督促家长配合学校和医生共同做好学生的后期引导工作。

③为学生创建轻松和谐的学习生活氛围，避免学生在学习生活中因曾经焦虑的经历而造成心理上的压力。

第六章　大学生创业管理

高校对大学生创业的管理，本章将对其涉及的五个方面进行详细的研究，分别是：创业管理、创业机会、创业计划、创业者与创业团队以及创业企业管理。

第一节　创业管理概述

一、创业管理概念

创业管理是工商管理中专门的一个领域，是指对社会生产组织，即企业的产生过程以及孵化发展期的企业管理，是对将创业构思付诸实践的具体行为和过程的管理，是企业管理中最具风险性的管理活动。企业在其不同的发展时期，管理重心和关键职能发育以及表现形态都有所不同，创业管理正体现了企业在初创阶段独有的管理特点及业务运作规律。

可以说，企业的创业管理期是创业者成长的过程。创业者全身心地投入企业，自己动手应该是创业者的一种天性，创业者在自己动手过程中打造了企业的雏形，把创业者的创新精神融入决策机制、管理制度、企业文化乃至产品包装中。另外，创业者关注企业各个方面、各项业务的过程是汲取管理经验、了解专业关键、增加经营阅历的自我丰富的过程。只有经历了这个过程，创业者才能创造出一个有生命力、有独特个性的企业。

二、创业期管理原则及特点

（一）创业期管理原则

企业创办初期在管理上有其基本的原则以及独特之处，任何照搬成熟企业的管理经验和管理模式都可能违背创业期市场规律条件下的基本原则。那么，企业创业期管理的原则到底是什么呢？

一是生存重于发展原则。由于企业创业期是企业的高风险期，刚诞生的企业很弱小，对来自市场或企业内部损伤的抵御能力差，在生存的基础上发展是这一阶段最大的追求。这决定了企业在创业管理期的主要管理目标是降低经营风险，使企业在激烈的市场竞争中长久存在，进行经营管理经验、知识、资产、人力资源等的积累，形成自己的产业基础。

二是重权威原则。创业者一般通过两个层次的扁平组织架构来实行一对一的粗放型管理，企业管理的核心是创业者本人，创业者的能力大小、强弱对企业的发展起着决定性作用。在这一时期，创业者一般专注企业关键职能的发展，创业者身兼多职，凡事自己亲力亲为，实施集权管理，打造企业原创期的企业文化。

三是利益分享、风险共担原则。创业团队的概念就是利益共享、优化知识、降低风险，同研究机构、供应商、经销商的战略伙伴关系都体现了这种利益分享、风险共担的经营理念。

四是低成本原则。企业的生产、销售、研究、开发、办公、薪金等费用都必须坚持低成本原则，能节约一个人工就节约一个人工，能少用一间办公室就少用一间办公室，能节约一车搬运费就节约一车搬运费。总之，一切可以节约的环节都不要放过。

（二）创业期管理的特点

企业在创业期的管理到底有些什么特点？特别是高新技术小企业在创业管理期的特点是什么？创业期管理的原则就决定了其特点如下：

①法人意志强：有强有力的说话算数的领导者。

②劳动生产率高（效率高）：没有专职人员，一般是身兼多职，工作界限模糊。

③企业文化基因：信任文化、自我管理。

④组织架构动态扁平：一般是两个管理层次，管理人员一般身兼多职，职能划分粗放。

⑤快速决策：企业生存发展的机会稍纵即逝，短平快的业务运作需要快速果断的决策。

⑥管理机制服从于快速决策，快速实施：由于企业很弱小，须对市场的微小波动保持敏感，并迅速做出反应，因此这一时期应围绕如何对企业内部及外部市场信息做出敏捷反应等问题来确定经营管理机制。小企业赖以生存的法宝

是迅速获取市场信息，并迅速做出决策，将时间作为一种重要经营资源充分加以利用。

⑦管理目标单一：可实现的创业目标越单一、越简单明了越好。企业创业初期的资源有限性决定了创业目标的单一，这便于企业将有限的企业资源集中服务于创业目标，并使创业更成功，即把有限的资源用于刀刃上。同时，一个可实现的目标对于创业者来说更具有实际的意义，它作为企业生存发展的基础，使创业者对创业更加具有信心。

第二节　创业机会

一、创业机会的含义

真正的创业机会开始于创业机会的发现。创业机会存在何处，如何从复杂多变的市场环境中找到富有潜在价值的创业机会，进而开发并最终转化为新创企业，是创业研究的重要内容。因此，对创业机会的含义要有一个清醒而本质的认识。

目前，对创业机会的界定，国内外研究主要集中在以下两个方面，一是从机会的产出角度出发给予定义，二是从机会的来源角度入手。从机会产出角度中，学者卡森认为，创业机会是指在新的生产方式、新的产出或新的生产方式与产出之间的关系形成过程中，引进新的产品、服务、原材料和组织方式，得到比生产成本更高价值的情形。另外，柯兹纳认为，机会的最初状态是"未精确定义的市场需求或未得到充分利用的资源和能力"，即创业机会是由一系列的市场不完全性造成的。因为市场参与者是基于信念、偏好、直觉以及准确或不准确的信息来进行决策的，他们对可能的市场价格以及将来产生的新的市场有不同的推断。从机会来源角度定义，埃克哈特和尚恩把创业机会定义为一种情境，就是技术、经济、政治、社会以及人口环境发生了变化，使新产品、服务、新原材料和新的组织方式能够以创新的方式重新整合。另外，还有学者做出了较为全面的总结，指出创业机会实际上是新产品、新服务、新材料，甚至是一种新的组织方式，能够被引入生产并且以高于成本的方式进行销售的时机。

二、创业机会的特征

蒂蒙斯教授认为，一个创业机会"其特征是具有吸引力、持久性和适应性，并且伴随着可以为购买者和使用者创造或增加使用价值的产品与服务"。

（一）创业机会首先具备潜在的盈利性

创业机会具备潜在的盈利性这一特征有两个层面的含义，一是盈利性是创业机会存在的根本基础。我们所讨论的机会是隶属于创业领域的商业机会，创业者追逐创业机会的根本目的是基于创业机会组建企业，进而获得财富。如果创业机会不具备可能的盈利性，那么对于创业者就失去了吸引力，创业机会也就不成为机会了。二是创业机会的盈利性是潜在的，并非一目了然。对于这种潜在的盈利性理解尤其需要创业者拥有一定的知识和技能，同时也需要相关领域的实践经验。因此，这也给创业机会的评价和识别造成了一定的难度。很多创业企业看起来似乎具备较强的盈利可能，但是经过仔细推敲之后却发现是虚假的信号。所以说，在创业机会的识别和评价方面，需要创业者投入更多精力。

（二）创业机会需要依托实体企业或者具体的商业行为来实现

如果不付诸行动，即使拥有再大的潜在价值，创业机会也难以实现。事实上，很多富有价值的创业机会往往转瞬即逝，具有很强的时效性，如果没有及时把握住，一旦时过境迁，由于条件所限，原有市场不复存在，或者已经有其他创业者抢先一步占据先机，原先具有巨大价值的创业机会也会沦为无价值的一条市场信息。当然，能不能真正行动起来将创业机会商业化，不仅仅取决于创业者个人的决心和意志，还取决于许多客观条件，特别是创业者所面临的创业环境和所能拥有的资源状况。即使创业者本人创业意识非常强烈，客观条件不足，也会限制其创业行动的实施。因此，在创业机会的识别和开发上，创业者应当作好准备，一旦发现有价值的创业机会，就及时行动。

（三）创业机会能够通过不断开发提升潜在价值

在大量的研究中，创业机会往往是一个客观存在的事物，独立于创业者主观意识之外，创业者的角色功能是尽可能发现这一客观事物。与此不同，在近年来的研究中，已经有部分学者认为创业机会并非一成不变，其潜在价值更依赖于创业者的开发活动，也就是说创业机会并非被发现，而是被"创造"出来的。创业机会的最初形态很可能仅仅是一些散乱的信息组合，只有创业者以及创业过程的各类利益相关者积极地参与机会识别，不断磨合各自的想法，创业机会的基本盈利模式才可能够逐步可行，并且最终成为正式的企业。因此，创业机会的潜在价值具有很强的不确定性，而且并非即刻就可实现，在实际创业中，其价值大小会随着创业者的具体经营措施和战略规划而发生变动。如果创业者的战略方案与创业机会的特征得到良好的匹配，创业机会的价值就能够得到很大的提升，创业活动也能够获得较好的效果。如果相关战略规划与创业机会特征不匹配，甚至具有严重的失误，那么即使创业机会潜在价值很强，也无法得到有效开发，甚至导致创业失败。

三、创业机会的来源

创业机会的出现，往往是因为环境的变化、市场的不协调或混乱、信息的不对称、资源的独有等。创业机会的存在，并非简单表露在外的，也就是说大部分的创业机会需要创业者去挖掘，识别有价值机会的第一步是要识别那些创业机会产生的源泉。对创业机会来源的研究，不同的学者有着不同的观点，主要集中以下几个方面：

（一）福利经济学解释

迪安和麦克马伦认为，福利经济学市场失灵理论可以较好地解释创业机会存在的原因。他们认为，在有创业精神的企业家和企业看来，阻止快速实现均衡的市场预测模式，即市场失灵，其中就蕴含着创业机会。根据均衡理论，完善的市场可以达到帕累托最优。在帕累托有效的经济中，系统条件是稳定的，交易没有潜在收益，也就不存在创业机会。不能实现帕累托最优就是市场失灵和失败，那么就存在创业机会以实现潜在的帕累托改进。导致市场失灵的主要原因——信息不完全、垄断力量、公共产品、外部性和政府不适当的干预。这些原因引起交易障碍，也正是创业机会存在的原因，是推动市场向帕累托最优状态发展的激励因素。所以说，根据均衡理论，创业机会主要来源于以下四个方面。

第一，发现并利用信息。完全竞争模型假定信息是完全的，企业家可以正确预测未来，如果他们可以适时调整计划，经济就不会发生失衡，市场在任何一个时间点都永远能保持均衡状态，因此就没有创业机会存在。而现实是，信息是不完全的，特别是知识是不完全的，知识的不完全创造出创业机会。不同的人对创业机会的敏锐程度不同，拥有的时间和空间的知识不同，发现和利用机会的能力不同，具备新信息、新知识的个人就可以成功地发现和利用机会。

第二，打破垄断。垄断者通过减少供应、提高价格的方式谋求最大利润，垄断必然带来供给不足，必然存在尚未被满足的需求。因此，因垄断而产生的帕累托无效就包含了大量的创业机会。在自然垄断的状态下，现有生产技术不足以保证小规模企业的生存，要实现创业机会就必须应用使小规模企业能更有效率进行生产的新技术。在政府性垄断的状态下，当政府管制政策发生重大变革时，就会产生很多机会。

第三，提高公共产品的私有化程度。公共产品的消费者不具有排他性，因此会造成过度使用和对公共产品提供者的激励不足。为提高经济运行的效率，政府可以适当提高公共产品的私有化程度，这种变革必然带来新的机会。

第四，创造外部性的市场。外部性是市场失灵的重要原因，创业机会就来自整合这类资源建立新的产权制度，或发现新的降低与此有关的交易成本的方法。

（二）基于非均衡理论的解释

福利经济学本质上是在均衡条件下解释创业机会的来源问题，只有当经济不均衡时机会才出现。但现实情况是，经济的不均衡是常态，创业机会的存在也是常态。那么，用市场失灵来解释机会存在就有缺陷，应该用非均衡理论来解释创业机会的存在问题。

非均衡理论的根本含义在于，价格体系不能完全反映机会的存在状况，不同的人对资源的价值判断可能会有差异，因而可能背离资源的潜在价值，这种价格和价值的背离就是有利可图的机会，有先见之明的创业者就可以捕捉到这种机会。换句话讲，非均衡理论说明了创业机会存在的可能性——如果人们对资源的价值判断不同，创业机会就可能存在。正如柯兹纳指出的，人与人之间存在信息和信念的差异，这就是机会存在的必要条件。

第三节 创业计划

一、创业计划书

创业计划书是详细分析新创建企业各种要素的一种书面文件，是将有关创业的想法借由白纸黑字最后落实的载体。创业计划书详细地阐述了一个新项目的整体创业理念，它对经济环境、设定目标、所需资源进行了准确的概括。

创业计划书的质量，往往直接影响创业发起人能否找到合作伙伴、获得资金及其他政策的支持。创业者将创业计划书呈给投资者或其他利益相关者，并向他们解释创业的原因、创业资源及盈利模式，以获得投资者和其他利益相关者的认同和支持。同时，创业者通过认真撰写创业计划书，可以对其创意进行系统的思考，有利于一个结构合理且重点突出的战略的形成。

二、撰写创业计划书的原则

（一）客观

创业计划书是根据客观事实撰写的，里面的方案是在对现实的数据分析、详细的调查研究、严密的逻辑推理的基础上制定的。任何陈述都要有客观依据，绝不能杜撰。创业计划书语言也应客观理性，如果一份方案写得像是一份煽情的广告，那么可能会导致投资者及其他利益相关者对方案产生怀疑甚至拒绝接受方案，因为他们需要的是一个实事求是、理性思考的创业合作者。

（二）充分展示项目优势

无论是风险投资家还是合作者，都非常关注项目的优势，在创业计划书中要充分地展示这一点。在一个创业项目中，一定要有一个或几个相当有吸引力的创新点，否则创业项目就没有太大的意义。而每个项目的优势各有不同，以下是风险投资家和合作者比较关注的项目优势：创新性、商业价值、技术领先程度、有效的保护、维持创新性、技术或商业创意对现有消费水平适应程度、盈利模式等。

（三）逻辑严密

成功的创业计划书不仅要展现方案，更要充分展现决策依据，反映出创业发起人的每一个决策都有理有据，经过了系统、严密的分析和思考。让投资人和相关利益者确信创业发起人的决策方法科学、逻辑思维严密，是一个合理的方案，实施效果才有保障。

逻辑性要求计划书脉络清晰、结构严谨、前后呼应，内容之间紧密联系，全篇形成统一整体，而不是一堆数据的简单罗列或一个个模型的硬性堆砌。要做到有逻辑性，写计划书时应该注意以下四点：内容的统一、风格的统一、厘清各部分之间的内在联系、选取素材和写作思维要严谨。

三、创业计划书的结构及大纲

创业计划书一般分为四大部分：封面、目录、具体内容及附录。而具体内容一般又包括概要、企业简介、市场分析、产品分析、创业团队、市场营销、生产管理、研发计划、投资分析、财务分析、管理体系、机遇风险及预防、风险资本的退出、结论和决策建议等方面的内容。以下择其要点进行简单分析。

（一）封面

封面是阅读者拿到创业计划书第一眼看到的内容，所以，封面应该专业、漂亮。专业的封面应包括企业信息及项目名称两大部分。企业信息包括企业名称（LOGO 或商标）、地址、电子邮箱地址、电话号码（座机与手机）、日期、主创业者的联络方式以及企业网址（如企业有自己的网站的话）。封面上最重要的一项是创业者的联络方式，应该让读者能够轻松联系到创业者，封面底部应提醒读者对计划书的内容保密。

（二）目录

目录紧接封面页后，列出计划书的主要章节、附录和对应页码，目的是便于查找计划书的内容，有些计划书相关页上还贴上标签，更方便读者直接查找相关章节。设计仔细的目录能让读者注意到创业者想强调的内容。例如，创业者打算开一家花店，而且已经绘制了几幅漂亮的花店内外装潢草图，这时在计划书下面的附录上设一节内容，题为"花店装修艺术效果图"，浏览目录的读者很可能会直接翻到这一节阅读。目录中没提到的话，读者在快速浏览计划书的时候往往会忽略这样的内容。

（三）概要

计划书概要是创业计划书具体内容中的第一项内容，是整个创业计划的概述，能让忙碌的读者迅速对新创企业或项目有个全面的了解。许多时候投资者先看计划概要，觉得不错，才会愿意看完整个创业计划书。由此可见，计划书概要可以说是创业计划书中最重要的部分。

计划书概要不是创业计划书的引言或者前言，而是对整个创业计划的概括。计划书概要作为创业计划的提纲，应把计划书最精华的部分提取出来，投资者和其他利益相关者阅读完概要后可以对整个计划书有较好的了解。

（四）企业简介

企业简介通常是创业计划书正文的第一个部分，在获取资源之前，创业者首先要进行自我介绍，让投资者认识自己。在很多情况下，创业者还没有建立起实际的企业，创业者也应当尽可能地对自己的创业设想和企业未来的发展规划做一番介绍。如果企业已经建立，那么在这一部分中，应当向投资者尽可能简明扼要而又全面地介绍企业的发展历史和经营现状，给予投资者尽可能多的关于新创企业及其所在行业的基本特征方面的信息。

（五）产品分析

这一部分的主要目的就是通过把自己的和竞争者的产品进行详细对比，说明产品的竞争优势，重点阐述产品的独特性和产品的创新性，包括技术比较、产品比较（产品、原料生产基地、技术认证和产能规模等）和市场比较（价格、品牌和市场份额）等。用图表的方式横向比较会显得更加直观。通过这些比较，最后就能得出自己产品的核心优势。

（六）创业团队

在考察创业计划和新创企业时，"人"是非常重要的一个因素。从某种意义上讲，创业活动能否成功，最终取决于该企业是否拥有一个强有力的核心领导者以及良好的管理团队。在创业计划书中，应该对管理层和团队分工情况分别做介绍。

第四节　创业者与创业团队

一、创业者

（一）创业者的概念

创业者是一种主导劳动方式的领导人，是一种具有使命、荣誉、责任能力的人，是一种组织、运用服务、技术、器物作业的人，是一种具有思考、推理、判断力的人，是一种能使人追随并在追随过程中获得利益的人，是一种具有完全权利能力和行为能力的人。

按照国内学者王树声的定义，创业者就是自主创业，在追求个人富足和自身价值实现的同时，创造社会财富和吸纳劳动力，切实为国家经济发展和社会进步做出经济贡献的群体。

精细管理工程创始人刘先明认为，创业者是指发现某种信息、资源、机会或掌握某种技术，利用或借用相应的平台或载体，将其发现的信息、资源、机会或掌握的技术，以一定的方式转化，创造更多的财富、价值，并实现某种既定目标的行为人。

创业者是生产者和消费者的统一体，同时也扮演着管理者和劳动者的复合角色，是市场活动中创造和传承创新文化的重要载体，应得到社会普遍的承认和尊重。

（二）创业者的基本素养

1. 探索、发现

进取性和冒险性是所有创业者都具有的共同特征，探索新事物、发现新机会是创业者的基本素养，任何一个创业者都会不停地探索与思考，以便发现机会。

2. 创新、创造

创业者的好奇心和进取精神不仅仅停留在探索与发现的阶段，当机会降临时，创业者会毫不迟疑地抓住机会将其转变成事实。而且，创业者常常不满足于现存的机会，他们不断地创造机会，将潜在的机会转变成现实的机会。因此，创业者具有创新和创造精神。

3. 实践、管理

创业者是忠实的实践者，他们相信任何理想都必须通过实际努力才能实现，他们认为，不付诸实践的想法只是空想或者幻想。因此，创业者都是实践家或践行者。创业者通过领导、管理企业实现自己的想法，达成自己的目标。

4. 改进、提高

创业艰难，守业更难，每一个成功的创业者大概都明白这个道理，只顾创业不顾守业的创业者即便成功也难以始终立于不败之地。无论是初创的企业还是事业，都不可能完美，一定存在某些缺陷，如果不加以改进和完善，成功的可能性就要大打折扣。

5. 发展、进步

任何一个创业者都不会满足于已有的成绩，随着创业成就的获得，创业者的志向会越来越大，他们会追求更高的目标，寻求更大的发展。

二、创业团队

（一）创业团队的概念

创业团队是决定创业企业发展和影响企业绩效的核心群体，是新创企业成败的关键因素，它对吸引投资者是至关重要的。创业者扮演着三个领导角色：组织的领导者、组织目标的构建者和组织成员的领导者。当创业者把创业团队组建起来时，所有这些角色就开始发挥作用了。由于创业团队有助于提升企业的绩效，创建和维护创业团队是创业者的一项主要职责。对于创业团队，不同学者给出了不同的定义。

卡姆、舒曼对创业团队的定义：创业团队是指两个或两个以上的个人参与企业创立的过程并投入相同比例的资金。这个定义着重于创业团队的创建和所有权两方面的特性，但"相同比例的资金"这个限定范围较窄。

我国台湾学者郭洮村对以上定义进行了修正：创业团队是指两个或两个以上的人，他们共同参与创立企业的过程并投入资金。

恩斯利和班克斯以及加特纳、谢弗、盖特伍德和卡茨延伸了卡姆、舒曼、西格和纽里克对创业团队的定义，使其"包含了对战略选择有直接影响的个人"，也就是说董事会尤其是占有一定股权的风险投资人皆包含在其定义之中。

综上所述，我们可以从两个层面上来阐释创业团队的概念。

狭义的定义：指有着共同目的、共享创业收益、共担创业风险的一群经营新成立的营利性组织的人，他们提供一种新的产品或服务，为社会提供新增价值。

广义的定义：不仅包含狭义创业团队，还包括与创业过程有关的各种利益相关者，如风险投资商、供应商、专家咨询群体等。

（二）团队形式的重要性

在创业企业中，采用团队形式至少有以下几方面的作用：

①能促进团结和合作，提高员工的士气，增加满意度。

②使管理者有时间进行战略性的思考，而把许多问题留给团队自身解决。

③提高决策的速度，因为团队成员离具体问题比较近，所以团队决策速度比较快。

④促进成员队伍的多样化。

⑤提高团队和组织的绩效。一个好的创业团队对于新创企业的成功起着举足轻重的作用，一个新型风险企业的发展潜力与企业管理团队之间有着十分密切的联系。当然，并不是说没有团队的创业企业一定失败，但可以说要建立一个没有团队而仍然具有高成长潜力的企业是极其困难的。

（三）创业团队的组成要素

从创业团队的定义可以看出，创业团队需具备五个重要的团队组成要素，由于其英文单词首字母都以"P"开头，因此也被称为5P模型。

1. 目标

创业团队应该有一个既定的共同目标为团队成员导航，知道要向何处去，没有目标这个团队就没有存在的价值。目标在创业企业的管理中以创业企业的远景、战略等形式体现。

2. 人

人是构成创业团队最核心的力量，三个及三个以上的人就形成一个群体，当群体有共同奋斗的目标就形成了团队。在一个创业团队中，人力资源是所有创业资源中最活跃最重要的资源。应充分调动创业者的各种资源和能力，将人力资源进一步转化为人力资本。

目标是通过人员来实现的，人员的选择是创业团队中非常重要的一个部分。在一个团队中可能需要有人出主意，有人制订计划，有人实施，有人协调不同的人一起去工作，还有人去监督创业团队工作的进展，以及评价创业团队最终的贡献，不同的人通过分工来共同完成创业团队的目标。在人员选择方面要考虑人员的能力如何，技能是否互补，人员的经验如何。

3. 创业团队的定位

创业团队的定位包含两层意思：①创业团队的定位。创业团队在企业中处于什么位置，由谁选择和决定团队的成员，创业团队最终应对谁负责，创业团队采取什么方式激励下属。②个体（创业者）的定位。作为成员在创业团队中扮演什么角色，是制订计划还是具体实施或评估；是大家共同出资，委派某个人参与管理，还是大家共同出资，共同参与管理，或是共同出资，聘请第三方（职业经理人）管理。这体现在创业实体的组织形式上，是合伙企业还是公司制企业。

4. 权限

创业团队中领导人的权力大小与其团队的发展阶段和创业实体所在行业相关。一般来说，创业团队越成熟，领导者所拥有的权力相应越小，在创业团队发展的初期阶段领导权相对比较集中。高科技实体多数实行民主的管理方式。

5. 计划

计划的两层含义：①目标最终的实现，需要一系列具体的行动方案，可以把计划理解成达到目标的具体工作程序。②按计划进行可以保证创业团队的进度。只有在计划的操作下创业团队才会一步一步地贴近目标，从而最终实现目标。

第五节　创业企业管理

一、创业企业人力资源管理

对于创业企业来说，人才是获得成功的制胜因素，但如何使员工愿意为创业目标不懈奋斗，始终保持旺盛的士气和高昂的热情，总是以主人翁的精神投入创业活动呢？要解决这些问题，创业者必须要知晓和理解人力资源管理的基本理论，掌握好人力资源管理的技巧和艺术。

（一）创业企业组织文化构建

创业需要一种创业人文环境，创业企业必须着力构建自己的企业文化。有些人把企业文化视为泛政治化的东西，这样对企业尤其对创业企业一点好处都没有。其实，企业文化就是经营者为了实现其经营意志，着力塑造并在经营活动中体现的企业本质特征。企业文化对企业的作用力是具实战意义的。创业一开始，经营者就必须依照自己的管理思想或管理创意来组建一个目标一致的团队。如果申请创业投资，投资人除了看好你的项目，更看重你有没有自己的经营思想。在创业期间，企业文化的导向、凝聚和规范作用，可以使创业者摆脱管理不到位的缺陷，跨越经营险滩。总之，企业文化的作用就一句话：提高企业经营业绩——这里是"提高"，而不是什么"促进"。

企业文化是企业创造竞争力最重要的管理平台，那么，创业企业如何构建自己的企业文化呢？

1.解决观念问题，达成共识

这需要创业者积极倡导和鼓动，也可以请一些实战性的理论专家来讲课，弄清企业文化的概念、特征、作用等基本理论，统一大家的思想，形成树立企业文化的共识。

在统一思想中，有个观点必须树立起来，那就是企业文化是可操作的，是一个有计划、有执行、有评估、有调整、有变革、有升华的科学体系，而不是有些学者说的"无为而治"，自然形成的。有了共识，事情就成功了一半。

2.摸清团队，找到利益共同点和价值取向统一点

创业一般是团队的运作，这就需要对团队每个人进行调查。要弄清大家对

创业的思路和前景的看法，有哪些期望，有没有差异，有什么差异，共同的利益观是什么，价值观是什么等，了解得越细越好。

3. 梳理筛选

调查反映出来的东西应该是不统一的、复杂的。如企业核心价值观，就有客户价值、质量价值、服务价值、创新价值等很多价值观念，那么什么才是企业价值体系中最核心、最重要的价值？这就有个结合企业自身和经营环境，运用国际化的企业文化分析工具，对企业文化诸要素进行归纳分析梳理筛选的过程。

4. 定位企业愿景

创业企业的发展目标除了数字化的愿景外，还要有奋斗使命和价值追求，它体现了个性化的群体价值。也就是对企业是干什么的、怎么干和干到什么地步的一种定位。沃尔玛在创业之初，创立人沃尔顿便确定了"低价销售，保证满意"的企业经营宗旨。惠普公司创立伊始，公司创立者们就明确了其经营宗旨：瞄准技术与工程技术市场，生产高品质创新性电子仪器。这些理念成为企业全体员工共同追求的目标，像一面旗帜引领企业在市场竞争中战胜对手，迅速脱颖而出。

5. 提炼提升，形成体系

创业期企业文化的提炼过程应该是简洁科学的，就是在梳理数据的基础上，以创造性的思维方式对企业文化进行系统规划设计。这里就不仅仅是归纳，还要结合企业的经营环境和发展战略进行提升。在企划中可以采用头脑风暴法、形态分析法、类比法等办法进行创意提炼，最后形成一个文本。主要包括企业使命、价值观、企业精神、工作作风（行动口号）、客户观、诚信观、质量观、学习观、道德规范、行为规范、企业经营哲学等。

6. 执行（贯彻与传播）

建设企业文化，三分设计，七分执行。执行是一个沟通传播的过程，分对内贯彻和对外传播，创业企业在贯彻企业文化时应当做好：

①领导带头，身体力行。

②培训灌输。

③强化措施。

④组织活动。

⑤组建内部媒体。

⑥树立企业文化偶像，树立旗帜。

7. 维护、坚持和提升

在企业发展过程中会产生一万种可以改变经营思想的理由，企业应当时刻防止因一时之利而扭曲甚至抛弃已经树立的企业文化现象的发生，应该把企业文化作为一种管理制度确立下来。当然，企业文化在确保稳定持久的同时，也应当在形成和壮大后进行补充、变革或提升。环境会变，市场会变，竞争的方式也在变，企业文化作为企业经营战略的一面旗帜，也要应时而变。尤其在企业发展壮大时，企业极易产生傲慢的病态文化，更应该进行企业文化的变革和提升。

（二）创业企业的识人、用人法则

创业企业对人才的管理也要审时度势、宽严有度。在市场经济的条件下，创业企业之间的竞争往往是决策水平和人才素质的竞争。创业企业的拥有者怎样选好人、用好人，最大限度地调动人的积极性、创造性和主观能动性，使创业企业的骨干力量形成一个团结合作、奋发向上的优秀团队，这是一个创业企业是否能够在市场经济的汪洋大海中乘风破浪、胜利前进的关键。创业企业在人力资源管理实践中，应该注意一些基本的识人、用人法则。

①掌握企业的初创期、发展期和成熟期用人的不同标准和方法。初创期要的是"跨马能够闯天下"的人才。而发展到一定的程度后就需要"提笔能够定太平"的人物了。

②切不可"大马拉小车"或"小马拉大车"。所谓"大马拉小车"就是小企业用了大才之人，"大马"一旦跑起来小车就有被颠覆或摧毁的危险。"小马拉大车"虽然没有这个危险性，但是，由于"小马"气力太小，拉而不动，企业也就无法前进。因而，多深的水养多大的鱼是企业选人用人的明智选择。

③为了企业的发展，企业家各种人物都要用。只要在充分识别的基础上恰当使用，扬长避短，合理配置，就能最大限度地发挥他们的作用。

④对员工万万不可太苛刻。该给员工的工资、福利、奖励一定要言必信、行必果。

⑤不要计较下属的缺点和小错。作为企业用人，不是在寻求圣人、贤人，而是寻求对企业有用的人。

⑥尊重人的本性，不要追求员工们对企业的绝对忠诚。

⑦大胆放权，分级管理。企业稍有发展后，就要采取分级管理措施。多当裁判员、少当运动员。

⑧"雪中送炭"胜过"锦上添花"。在同等条件下，那些经济条件较差、生活困难的人的积极性和对企业的忠诚度大多都能令企业满意。

⑨小事糊涂，大事聪明。作为一个中小企业的老板，关键的技术、主要的客户、原材料和产品的购销网络一定要亲自掌握，定期或不定期地亲自参与。

⑩常用者多批评，短用者多表彰。要外松内紧地考察下属。

⑪ 提拔重用员工不要论资排辈，要以知识、能力和对企业的贡献而定。

二、创业企业财务管理

财务管理是企业管理的核心，创业企业财务管理能力的强弱直接关系到企业的兴衰成败。很多创业企业在发展的初期，甚至中后期都很容易亮起财务管理红灯。创业财务管理混乱、财务管理体系不健全、企业信用度下降、重大财务策略和财务功能缺位等现象经常伴随着创业企业的成长过程。这要求创业者在创业过程中，从融资到资金的使用，再到利润的分配，都需要具备良好的财务管理能力。

（一）创业企业财务管理内容

财务管理，简单地说就是管理财务，是创业企业组织财务活动，处理创业企业与各方面财务关系的一项经济管理工作，是创业企业管理的重要组成部分。创业企业财务管理是对价值量的管理，资金运动就是以价值形式综合地反映企业的再生产过程。即企业将拥有的资金用于购买生产经营需要的建筑物、设备、原材料等劳动资料和劳动对象；然后劳动者运用一定的劳动资料将劳动对象加工成新的产品，并将生产中消耗掉的劳动资料、劳动对象和活劳动的价值转移到产品中去，创造出新的价值；最后通过实物商品的出售转移价值，使新创造的价值得以实现。

在以上过程中，资金的形态不断发生变化，从最初的储备资金形态变化为实物资料形态，继而进入生产资金形态，完工后成为实物商品形态，出售后又恢复到货币资金形态，周而复始，不断循环，形成资金运动。创业企业财务管理的内容就是在企业资金运动过程中形成的各种财务活动，它们是相互联系、相互依存和相互影响的。大致可以分为以下四个方面。

1. 与筹资有关的财务活动

在商品经济条件下，新创企业想要从事经营，首先必须筹集到一定数量的资金，这也是企业资金运动的起点。它可以通过吸收直接投资、发行股票和企业内部留存收益等自有资金的方式取得，也可以通过向银行借款、发行债券等方式取得。

创业企业筹集到的资金，表现为资金的流入。与此相对应，创业企业偿还借款、支付利息和股息等，则表现为资金的流出。这些资金收付活动就是由于筹集资金而产生的财务活动。

2. 与投资有关的财务活动

创业企业筹集资金的目的是为了将资金用于生产经营活动，以便取得利益，不断增加企业价值。企业把筹集到的资金投资到企业内部用于购置固定资产和无形资产等，便形成企业的对内投资；企业把筹集到的资金投资于购买其他企业的股票、债券或对其他企业进行直接投资，便形成企业的对外投资。

无论企业对内还是对外投资，都需要支出资金；而当企业变卖对内投资形成的各种资产或收回对外投资时，则会产生资金的收入。这些资金收付活动就是由于资金投放而产生的财务活动。

3. 与经营有关的财务活动

创业企业在正常的经营过程中，也会发生一系列的资金收付。例如，采购材料、商品、低值易耗品以及支付工资和各种费用产生资金流出；销售取得收入收回资金以及通过合理占用应付款项等方式形成资金流入。这些资金收付活动就是由于经营活动而产生的财务活动。

4. 与分配有关的财务活动

创业企业将资金投放和使用后，会取得收入并实现资金的增值，即产生利润。收入补偿生产经营中的各种成本、费用、销售税金后若有剩余，为企业的息税前利润，即支付利息及缴纳所得税之前的收益。

（二）创业企业财务管理目标

明确财务管理目标是搞好财务工作的前提，也是搞好创业企业管理的一个重要组成部分。目前我国创业企业经营的总目标是经济效益最大化。财务管理的总体目标应该与企业总体目标具有一致性。

1. 利润最大化目标

所谓利润最大化目标是指创业企业理财应以实现最大的利润为目标。其表现形式有两种：一种为利润的绝对额最大，另一种是利润的相对额及每股收益最大。

①利润总额最大化目标。利润总额是创业企业在一定期间全部收入与全部费用的差额，它代表了创业企业新创造的财富，利润越多，则创业企业的财富增加就越多。同时，利润的多少在一定程度上反映了创业企业经济效益的高低和竞争能力的大小。把利润最大化作为财务管理目标，有其合理的一面。

②资本利润率或每股盈余最大化。资本利润率是非股份制企业的净利润与资本额的比值。每股盈余是股份制企业的净利润与普通股股数的比值。这是同一个问题处于不同环境的不同表现形式，即净利润在股份制与非股份制企业中的相对表现问题。资本利润率或每股盈余最大化目标考虑了所获利润与投入资本额或股本数之间的关系，使不同资本规模的创业企业或同一企业不同期间的利润具有可比性。但这个目标仍然没有考虑到资金的时间价值和风险因素，也不能避免企业的短期行为。

2. 股东财富最大化目标

股东财富最大化是指通过财务上的合理运营，为股东带来最多的财富。在股份制公司中，股东财富由其所拥有的股票数量和股票市场的价格两方面来决定。在股票数量一定时，当股票价格达到最高时，股东财富也达到最大。所以，股东财富最大化又可演变为股票价格最大化。股票的市场价格体现着投资者对企业价值所做的客观评价，因而股票的市场价格可以全面地反映创业企业目前和将来的盈利能力、预期收益、资金的时间价值和风险等方面的因素及其变化。

3. 企业价值最大化目标

企业价值最大化是指企业的市场价值最大化，它反映了创业企业潜在或预期的获利能力。企业价值不是账面资产的总价值，而是企业资产作为一个整体的市场价值，即企业有形资产和无形资产总体的市场评价，这种评价体现在潜在或预期的获利能力或净现金流量上。

在确定企业价值时，应以企业未来各期预期产生的净现金流量的折现值之和为依据。其中，未来各期的净现金流量按可能实现的概率来计算，折现率反映投资者对投资的风险报酬要求。

　　以上三种财务管理目标是目前最具有代表性的创业企业财务管理目标，随着社会经济的发展，创业企业的财务管理目标也有了新的发展。比如当今有许多创业企业以社会价值最大化为财务管理的目标，在强调企业效益的同时，还注重社会效益，尽可能地安排大中专院校的毕业生、残疾人士、下岗人士进企业工作，积极参与公益事业，关注人均纳税额。选择一个符合创业企业自身特点的财务管理目标是一项非常重要的工作，它直接影响着财务管理工作的具体执行标准、工作方法和评价制度等。

第七章　大学生管理的创新

我国高等院校的大学生管理工作一直在高等教育与学校整体的工作中发挥着特定的作用，但面对飞速发展的时代与日新月异的学生思想，传统的大学生管理观念、方式与体制已经无法适应高校的发展趋势，必须要对大学生管理进行改革与创新。本章将对大学生管理的过程与发展以及新时代背景下大学生管理工作的创新展开研究与阐述。

第一节　大学生管理的过程与发展

一、大学生管理过程的含义和构成要素

（一）大学生管理过程的含义

所谓大学生管理过程，就是大学生管理工作者对影响和制约大学生发展和成长的各种因素及其相互关系及时做出相应调整，以实现整体目标的过程。大学生管理过程的实质，就是要把握组织环境、管理对象的变化和发展的情况，并根据组织目标，适时调节管理活动，在动态的情况下做好管理工作。充分认识和掌握大学生管理过程，对于做好大学生管理工作具有非常重要的意义。

（二）大学生管理过程的构成要素

大学生管理过程的要素主要包括：管理者、管理对象、管理手段和职能、管理目标。管理者即谁来管理；管理对象，即管理什么，包括人、财、物、时间、空间和信息等；管理手段和职能，即运用什么样的手段和方法、发挥什么样的功能和作用等，也就是如何管理的问题，包括运用行政方法、法律方法、经济方法和教育方法等基本管理方法，对管理对象进行预测、决策、计划、

组织、指挥、协调、激励和控制等；管理目标，即朝着什么方向走，最终达到什么目标。这四个基本要素相互作用，缺一不可。

二、大学生管理过程的特点

大学生管理过程既具有一般管理过程的特征，如目的性、有序性、可控性等，又具有区别于其他管理过程的显著特点。与其他管理过程相比较，大学生管理过程主要有以下三个方面的特点。

（一）保证教育目标顺利实现

大学生管理过程是与大学生教育过程紧密结合，保证教育目标顺利实现的过程。大学生管理工作者在对大学生实施管理的过程中应坚持管教结合，管中寓教，教中有管。

在管理的过程中，管理者必须寓情于理，寓意于行，不断提高管理工作的水平，力争使管理的过程成为被管理者受启发、受教育和实现内化的过程，并且促使被管理者把已经形成的思想观念和行为准则转化为自己外在的行为，养成相应的行为习惯，即实现由"内化"到"外化"，由"自律"到"自为"的飞跃。

（二）为大学生成长保驾护航

大学生管理过程是有效利用学校的各种资源，为大学生成长成才提供指导和服务的过程。大学生管理过程有别于一般管理过程就在于它以培养大学生成才为根本目标，而要实现这一目标，就必须对学校的各种资源进行分析和管理，将人、财、物、时间、空间、信息等各种管理要素组织运转起来，以求有效利用这些资源，使之发挥最大的效益，为大学生的健康成长和成才提供行之有效的指导。

（三）大学生与管理者双向互动

大学生的管理过程是一个大学生管理工作者与大学生双向互动的能动过程。大学生的管理工作是一项复杂的社会活动。社会的主体是人，人的活动构成了社会活动的基本内容。

因此，在管理的过程中既要发挥管理者的主导作用，也要发挥被管理者的主体作用，并努力达到两者的统一。管理过程是管理者和被管理者之间相互影响、相互作用的一种双向互动的能动过程。

作为管理者应该能动地认识和塑造被管理者，而作为被管理者则应该在管理者的启发和引导下，进行自我管理，并达到自我教育，从而实现接受管理和自我管理的有机结合，使被管理者将管理者所传授的思想观念和行为规范纳入自身的思想品德结构中成为支配和控制自身思想和情感行为的内在力量，即"内化"，实现由"管"到"理"，由"他律"到"自律"的飞跃。

三、大学生管理的发展

准确把握大学生管理的发展脉络，离不开对大学生管理的历史考察。在了解大学生管理发展历程的基础上，对历史的经验进行进一步的总结，助于我们进一步深入认识和分析当代大学生管理的新发展。

（一）大学生管理的历史考察

1. 大学生管理的历史变革

大学生管理是随着高等教育的发展而发展的。中国共产党自成立以来，一直在不断地探索中国教育的新路子，经历了从新民主主义革命时期党领导下的革命根据地教育，到新中国成立开始建立具有中国特色社会主义教育的探索历程。在此期间，党领导下的高等教育从无到有，不断发展，取得了丰硕成果，对学生的教育和管理也不断发展和成熟起来。

（1）革命根据地时期的大学生管理

根据地时期高等教育的主要形式是培养高级和中级干部的学校。这一时期的学生管理对象主要是在职干部和投身于革命的青年，目的是培养有坚强战斗力和领导能力的革命力量。

在高级干部学校和中层干部学校中，较有影响的学校有马克思主义大学、红军大学、中国人民抗日军事政治大学、华北联合大学等。其中，中国人民抗日军事政治大学（以下简称"抗大"）是干部学校教育和管理的典型。

"抗大"通过多种途径对学生进行政治思想教育和管理工作，深入工农群众，向工农学习，向实践学习，严格组织纪律要求，完善管理规章制度。这一时期形成了高等教育的雏形并积累了如教育和管理为政治服务、与生产劳动紧密结合、走群众路线等一系列的教育管理体系和经验，为新中国高校学生管理打下了坚实的理论和实践基础。

（2）新中国成立初期的大学生管理

新中国成立初期的教育，承担着接管旧教育、建设新教育的全新任务。

与这一时期的总任务相适应，高校初步建立了学生管理工作机制。这一阶段的高校学生管理对象由新中国成立前的主要以干部和革命青年为主向以工农劳动人民为主转变，管理的对象在年龄、层次和文化水平上都有很大的变化。管理的任务和目标同时也随着新高等教育的建立和完善，指向培养国家建设的合格人才。

1949—1966年新中国成立初期的17年里的教育和管理历程，为探索建设有中国特色社会主义的教育积累了丰富的理论和实践经验，如学生管理工作必须坚持党的领导，坚持社会主义方向，坚持知识分子与工农相结合，脑力劳动与体力劳动相结合；以教学为主，在管理中有机地促进教学、生产和科研的三结合，师生参加生产劳动和社会活动必须有所限制，进行相应的配套管理；管理要根据学生的实际特点，做好不同年龄、层次和水平的学生管理工作；党团组织要善于团结群众，建立良好的师生关系等。

（3）改革开放以后的大学生管理

进入改革开放时期，我国高校学生管理工作得以恢复和发展，四十多年来大体经历了三个发展阶段。

①逐步恢复高校正常的学生管理阶段（1978—1985年）。这一时期开始的关于真理标准的大讨论和党的十一届三中全会的召开解放和鼓舞了教育界。"解放思想，实事求是"思想路线的重新确立与党和国家工作重心的转移成为这一时期大学生管理最重要的历史背景。

②适应现代化建设和高等教育改革发展要求，进一步规范和完善大学生管理阶段（1986—2003年）。邓小平南方讲话和党的十四大明确提出建设社会主义市场经济体制目标，要求加快改革开放和现代化建设。与此同时，随着科学技术的飞速发展，国际竞争的日趋激烈，教育必然要承担起培养创新人才和推动民族复兴的重任。

③以科学发展观、习近平新时代中国特色社会主义思想为指导，大学生管理迈向科学化、法制化发展的新阶段（2004年至今）。在新的历史条件下，党中央对新时期的大学生管理提出了更高的要求。

2. 大学生管理的历史经验

大学生管理的实践，特别是改革开放以来的探索，为大学生管理积累了基本经验。概括地说，主要包括以下几个方面：

（1）遵循国家教育方针，确保大学生管理的正确方向

国家教育方针，是国家在一定历史时期内为实现该时期的基本路线和基本

任务，对教育工作所提出的总的指导方针。国家教育方针规定着我国教育的总方向和培养目标，集中体现了坚持党对教育工作的领导。

高校一切工作都要紧紧围绕国家教育方针来进行。大学生管理作为一种高校工作管理手段，是为国家的教育方针服务的，是为培养德、智、体、美全面发展的社会主义建设者和接班人服务的。实践证明，大学生管理一旦脱离了国家教育方针，就会迷失方向，就会偏离轨道，就会造成校园管理工作的混乱和失序。

大学生管理工作，必须紧紧围绕我国教育的总方向和培养目标，全面贯彻国家教育方针，为培养社会主义建设者和接班人服务。

（2）发挥育人功能，依据教育规律，科学管理

管理是一门科学。大学生管理作为管理科学的一个分支，应遵循管理的一般规律，充分发挥其育人功能，科学、有效地进行管理。与一般管理工作不同，大学生管理的对象是大学生群体，有其特定的指向。

改革开放以来，我国经济快速发展，社会结构发生深刻变化，利益关系和利益格局重新调整，这给人们的思想观念带来一定冲击。在新的时代背景下，大学生们总体上树立了自强意识、创新意识、成才意识、创业意识，但与此同时，在一些大学生中也不同程度地存在政治信仰迷茫、理想信念模糊、价值取向扭曲、诚信意识淡薄、缺乏社会责任感、艰苦奋斗精神淡化等问题。

（3）完善学生管理制度，提高管理水平，依法管理

依法、规范管理是现代大学生管理必须遵循的原则，是贯彻依法治国、人才强国战略的必然要求。随着高校办学规模的不断扩大，办学层次的不断提高，高等教育由精英化教育阶段步入大众化教育阶段，学校管理作为一种公共权力，其如何行使，怎么行使，日益受到社会各界的广泛关注。

同时，随着大学生群体法律意识的增强，学生维权活动增多，客观上要求在大学生管理工作中，必须依法管理，不断深化管理制度改革，健全管理制度，细化管理流程，在涉及学生切身利益的管理活动中保障学生的合法权益。

（4）坚持教育与管理相结合，形成齐抓共管的长效机制

大学生管理工作涉及大学生在校期间学习和生活的方方面面。从对大学生的学籍管理、课外活动管理到对大学生群体组织管理、安全管理，高校教学、科研以及行政管理各个部门和各个机构都相应地承担着管理学生的责任。

因此，大学生管理必须坚持教育与管理相结合，发挥高校各个部门和机构间的合力，实现教学和管理部门间的密切合作，改变以往那种认为大学生管理

只是学生工作部门的事，只有各院、系的辅导员和班主任才负有管理大学生的责任的错误认识，形成齐抓共管的长效机制。这就客观地要求各部门间权责明确，分工有序。

（5）充分利用现代科学技术手段，不断创新管理方式方法

随着时代的发展和科学技术的不断进步，大学生管理的对象和工作条件也在不断地发生变化，这就要求大学生管理要不断创新管理方式方法，以适应不同时期的新情况和新要求。

因此，充分利用现代科学技术手段，如信息技术、计算机网络技术、测量技术、咨询技术、评估技术等技术条件，成为不断创新大学生管理方式方法的必然选择。

（二）当代大学生管理的新情况

1. 管理任务的新要求

坚持"育人为本、德育为先"，切实解决大学生的实际问题，是高校学生管理任务的根本要求。大学生是十分宝贵的人才资源，是民族的希望，是祖国的未来。"培养什么人，如何培养人"成为高校教育管理的一项重大课题。高校必须紧紧抓住育人这个中心任务，坚持"高校教育，育人为本；德智体美，德育为先"的原则，从教书育人、服务育人和管理育人入手，坚持理论联系实际，贴近实际、贴近生活、贴近学生，切实为学生解决实际问题。

辅导员的职责和教育管理工作的任务主要体现在：①遵循大学生思想政治教育规律，坚持继承与创新相结合，创造性地开展工作，促进学生健康成长与成才。②开展相关工作调查和研究，分析工作对象和工作条件的变化，及时调整工作思路和方法。③主动学习和掌握大学生思想政治教育方面的理论与方法，不断提高工作技能和水平。④做好学生日常思想政治教育及服务育人工作，加强学生班级建设和管理。

2. 管理对象的新特点

（1）从纵向上看，不同年级的大学生呈现出不同的特点

①从大一年级学生看，他们具有不同程度的考上大学后的自豪感和优越感，对未来大学生活充满期待，自尊心强但心理承受能力较弱，参加集体活动热情较高，期望尽快转变角色适应大学生活。部分学生也表现出对大学生活不适应、学习目标丧失、人际关系处理不当、理财与生活经验缺乏等特点。

②从大二年级学生看，他们学习目标逐渐明确，人生理想更加现实化和社会化，主动意识增强，学习意愿强烈，对自我的定位趋于理性。但也有部分学生开始受到情绪、人际交往、学习、生活、恋爱等的影响从而出现不同程度的心理问题。

③从大三年级看，他们人生目标更加现实，学生群体开始逐步分化为保研、考研、就业、出国等群体，且体现出不同特征。准备保研的学生学习更加努力、更加注意收集保研相关信息；准备考研的学生则呈现出"三点一线"式的规律性学习，参与集体活动意愿明显降低；准备就业的学生开始积极准备就业的"敲门砖"，考取各种证书成为热潮，学生开始密切关注学校和本专业就业情况。

④从大四年级看，上半学期所有学生都处于紧张状态，准备保研的学生四处奔波，准备考研和就业的学生压力增大，他们都会不同程度地表现出焦虑、急躁等特征。下半学期，除尚未找到工作的学生外，其他学生的学习、生活开始呈现出散漫的状态，学生自由时间增加，社会兼职增多。毕业前夕更是表现出聚会多、情绪波动大等特点，毕业生离校教育管理的工作量大大增加。

（2）从横向上看，不同学生的追求和努力程度不同，呈现出不同的状况

①从党员群体来看，他们是当代青年大学生中的优秀分子，代表着青年的发展方向，是大学生的标兵，是党与大学生联系最紧密的桥梁和纽带。他们理想信念坚定、政治意识强、政治认同积极，价值观、人生观积极向上；热爱祖国、热爱人民，关注国家大事，崇尚良好社会公德；富有正义感、集体荣誉感和团队精神，自主管理能力与乐于助人意识强。但部分学生党员也表现出党性修养不足、功利心明显等特点。从学习优秀学生群体来看，他们学习目标明确，有强烈的求知欲和探索精神；敢于坚持真理，敢于开展批评；珍惜时间，讲求效率；具有良好的学习习惯，能自觉地遵守学校纪律和公共秩序。

②从优秀群体看，部分学习优秀的学生表现出了高高在上、脱离群体，参与集体活动少，集体荣誉感弱等特点。从后进生群体看，部分学生理想信念模糊，社会责任意识缺乏；价值观念扭曲，依赖心理严重；秩序意识淡薄，处事随心所欲。

③从经济困难学生群体看，表现出了多样化的特点。他们一般具有较强的上进心和艰苦奋斗的精神，自强不息，富有爱心，乐于助人。但部分学生过于敏感、精神负担较重，容易发生不同程度的心理问题。

第二节 新时代背景下大学生管理工作的创新

一、"互联网+"时代背景下高校学生管理工作创新

近年来，"互联网+"在我国得到了迅速的普及和发展，对大学师生的学习生活乃至思想观念都产生了广泛和深刻的影响。对于大学生管理，一方面，"互联网+"的普及和发展为高校学生管理工作提供了很好的发展创新的机遇；另一方面，"互联网+"的普及和发展也带来了一些新的问题，对学生管理工作形成了极大的冲击和挑战。在这种形势下，系统分析"互联网+"所带来的机遇和挑战，创新高校学生管理工作，具有鲜明的现实和理论意义。

（一）"互联网+"的科学内涵

"互联网+"是创新2.0下的互联网与传统行业融合发展的新形态、新业态，是知识社会创新2.0推动下的互联网形态演进及其催生的经济社会发展新形态。"互联网+"代表一种新的经济形态，即充分发挥互联网在生产要素配置中的优化和集成作用，将互联网的创新成果深度融合于经济社会各领域之中，提升实体经济的创新力和生产力，形成更广泛的以互联网为基础设施和实现工具的经济发展新形态。"互联网+"行动计划将重点促进以云计算、物联网、大数据为代表的新一代信息技术与现代制造业、生产性服务业等的融合创新，发展壮大新兴业态，打造新的产业增长点，为大众创业、万众创新提供环境，为产业智能化提供支撑，增强新的经济发展动力，促进国民经济提质增效升级。

1. "互联网+"的本质是传统产业的在线化、数据化

"互联网+"的本质是传统产业对互联网深层次、全方位的应用，以及互联网对传统产业的改造和重塑，而非简单将传统产业在线化和数据化。互联网的应用可以解决现有市场机制下许多解决不了的问题，如缓解信息不对称、降低交易成本；也可以通过改变生产流程，促进竞争力的提高。我国互联网在商业领域的应用已经处于世界领先水平，而互联网在工业领域的应用却大大滞后。从互联网商业到互联网工业，是从互联网应用到"互联网+"的最好诠释。互联网及信息化正带来新一轮科技革命。中国当前正处在抓住和引领产业革命前沿的最佳机遇期，抓住这次机遇，对于中国经济的长远发展和创新体制建设，具有深远的意义。

2."互联网+"是对互联网的全方位应用

互联网归根到底是一种工具,就像前几次技术革命中的蒸汽机和电一样,从产生就在各行各业得到广泛应用。从这个意义上来看,"互联网+"是以互联网为主的一整套信息技术(包括移动互联网、云计算、大数据技术等)在经济、社会和生活各方面的扩散应用过程。单纯从互联网的应用角度来理解"互联网+"可能会让人产生疑问:既然"互联网+"是国民经济各行业和全社会对互联网的应用,市场经济体制下,因竞争压力而借助互联网进行成本缩减必然成为市场主体的理性选择,那么,互联网的应用不是水到渠成的事情吗?为什么各个国家都以不同的形式将类似于"互联网+"的内容(如美国的工业互联网)列为国家级战略布局呢?其核心在于互联网与哪些产业"相加"。

3."互联网+"是产业应用,更是产业重塑

互联网与商业的结合,极大地改变了我们的日常生活,中国电子商务的快速发展印证了这一点。互联网对商业的改写,毫无疑问地降低了市场的运行成本,弥补了中国非统一市场的缺陷。但本质上并未改变其商业属性,解决的仍是生产与消费的低成本匹配问题;基于互联网的零售业,从本质上只是缩短了零售环节,节省了交易成本。经济史研究表明,商业经济时期社会的创新能力并没有显著提升,其互通有无的本质注定不会产生"生产什么以及如何生产"这样的经济知识。因此,基于商业贸易的互联网应用,虽然可以改变产业形态,但理论上来说并不会大规模产生新的经济知识以及技术创新。但互联网与工业的结合,却在改写工业生产方式、经济知识供给方式以及技术创新的模式。

(二)"互联网+"时代背景下高校学生管理工作的创新

1.增强学生网络法制意识,加大网络文明建设力度

当前,我国关于网络的相关法律法规并不完善,高校对大学生网络法制意识与网络文明的宣传教育力度不足,加上对大学生的网络行为缺乏正确、有效的引导,导致大学生网络法制与网络文明意识普遍不强,从而造成大学生网络行为规范的缺失。高校作为大学生网络法制与文明建设的主要场所,并未有效占领网络法制文明系统建设的前沿阵地,未能形成良好的校园网络文化氛围。

针对这一现象,首先,国家要根据网络发展的新情况和新问题,及时制定和出台一系列适应网络环境快速发展的新法律法规,不断提高打击网络犯罪与网络不文明行为的能力。高校学生管理人员要加大对学生开展网络普法教育、网络安全教育和文明上网教育的力度,积极引导学生以遵纪守法为荣,对有关

网络法律问题进行主动思考，如利用社会上的一些典型案例教育学生触犯网络法律所应承担的法律责任，以示警醒。同时，可在学校相关网站或 BBS 社区上开辟寓教于乐的法制教育网页，设立在线互动答疑等栏目，发动学生积极参与对网络违法现象与不文明行为的深入探讨，在潜移默化中提升大学生的网络法制与网络文明意识。其次，必须坚持他律与自律有机结合，倡导在学生群体中形成互相监督、合法文明使用网络的氛围。杜绝学生对网络违法与不文明行为的包庇与谅解，使学生分散的网络文明行为凝聚成有组织的共建网络文明的行动。在这一过程中，应充分发挥学生党员的模范带头作用，培养一支政治立场坚定、作风正派、网络技术过硬的学生党员队伍，充当网络文明使者，利用他们来自学生当中便于与学生沟通、易于被学生接受认可的优势，引导好大学生的主流价值观，使他们肩负起宣传网络法律法规、倡导网络文明的重任。

2. 开拓网上思想政治教育阵地，加强对学生网络民意的疏导

网络具有开放性，它完全打破了原有国家、社会之间的限制，将世界各国都紧密联系起来，不同意识形态之间的思想碰撞和文化冲突达到前所未有的程度。一些别有用心的西方国家借此机会通过网络平台对我国进行意识形态的渗透，大肆宣扬西方的文化理念、政治制度等，散布影响社会稳定的言论和信息，以此来削弱我们对马列主义等主流思潮的信仰，淡化我们的民族意识。部分思想和三观尚未成熟的大学生在如此强烈的多元文化碰撞下逐渐迷失了自我，对原有的主流理想信念产生怀疑，造成他们政治观念的淡漠、价值观念的偏离，出现极端个人主义、拜金主义等问题。

作为高校学生管理人员，必须抢占网络高地，通过网络平台创建"红色网站"，在校园网上建立理论专区，构建思想政治教育阵地。一方面，高校学生管理人员应高度重视大学生网络民意的表现，密切掌握大学生的思想动态，对于大学生所关注的热点、难点问题在网上给予及时的回应，做好疏导工作。要做到言之有理，言辞恳切，力求把一些尖锐的矛盾化解在萌芽状态。同时，要尽可能团结好网络中的骨干活跃人员，在网上敏感话题的争论中，网络上的骨干活跃人员的行为对普通网民有巨大的影响力，要积极发挥他们的正面影响力，教育和带动更多的网友理性、成熟地思考问题。另一方面，要建立网络舆论突发事件应急机制。突发事件发生后，通过网络广泛、迅速、覆盖面大的信息平台将真实情况直接发送给每一位同学，提高组织传播的效率，减少信息在多层传输过程中的人为减损，防止学生被不实信息误导、煽动而引发更大的混乱。

3.充分利用网络资源，加强对学生的服务工作

在现阶段的实践中，网络技术与资源在高校学生管理工作中的应用还处于初始阶段，要切实在网络上开展学生管理工作，必须坚持管理与服务相结合的原则。一方面，要加大校园网络的信息量，在校园网络平台上，除了能查询到学校的各种方针政策、规章制度和通知等常规信息外，还应包含各种大学生常用的学术、生活社交网络资源，努力把校园网络建设成为一个便于大学生学习、生活的综合性平台。另一方面，多拓展针对学生的网上服务空间，如开展网上心理咨询、网上就业信息咨询、勤工俭学信息、网上社团活动等，努力利用网络自身具备的优势特征来消除某些管理工作或服务在现实操作中的局限性，开创高校学生工作的新局面。

4.建立一支具有网络时代意识与过硬网络技能的学工队伍

高校学生管理面临的环境发生了变化，网络信息技术的快速发展向传统的高校学生管理理念与方式提出了新的要求，这是新时期高校学生管理工作必须正视的现实环境。学生管理人员要想有足够的能力应付在新的教育管理环境中出现的新问题，必须强化自身的信息素质，提高现代网络技术应用的能力，才能充分利用网络资源优势，拓宽高校学生管理工作的空间，增强学生管理工作的针对性和实效性。

5.注重"网上管理"与"网下管理"的结合

作为一个高校学生管理人员，无论信息技术发展如何迅猛，网络技术与高校学生管理工作结合得如何紧密，我们必须明确：学生管理工作不是在做"虚拟世界"的工作，而是在做"虚拟世界"背后的学生主体的工作。利用网络平台开展高校学生管理工作要做到"网上管理"和"网下管理"相结合，做到以情感人，以理服人。同时，加强校园现实的软件和硬件建设，增强现实空间对学生的吸引力。很多大学生沉迷于网络的虚拟空间，也是由于在现实世界中，他们的很多想法和诉求都得不到满足，只能在虚拟世界里寻求慰藉。为改变这一局面，学校要多开展受学生欢迎、易于学生接受的校园文体活动，尽可能使所有学生的心理诉求能在现实中得到满足，让他们有平台与机会能各尽所能，从而增强现实校园对学生的吸引力，增强学生的幸福体验。

二、大数据时代背景下高校学生管理工作创新

大数据作为信息技术的发展趋势，在当前社会中起到了重要作用。对于高

校学生管理来说，大数据的作用显而易见，对其未来发展将会起到非常有利的作用。在这种影响下，我国高校学生管理工作在未来几年要引入大数据，利用大数据对学生进行针对性的管理，提高高校学生管理工作的实效性。

（一）大数据的概念及应用

大数据是当前信息科技发展的一个热点，对于我国社会建设来说将会发挥巨大的作用。从本质上看，大数据是信息的挖掘，目标是要发现大量信息背后隐藏的规律，将之作用于社会各项事业之中，推动其向前继续发展。

1. 大数据的定义

大数据是由最先经历信息爆炸的学科，如天文学和基因学等创造出来的。如今这个概念已经应用到了几乎所有人类致力于发展的领域中。大数据经过多年的发展并没有一个确切的定义，只是指需要从大量的信息中经过处理提炼出一种规律，能够用来指导人们的生活与学习。大数据最早在一个开源项目中提出应用，目的是为了表示网络搜索引起的批量处理和数据分析。

谷歌公司曾向外界明确大数据不仅是一个量的概念，还是一个效率的概念。在当前的通信分析领域，大数据是一项较为前沿的技术，其概念包含有数据仓库、数据分析、数据安全、数据挖掘等。大数据的商业价值已经成为信息行业竞争的焦点。大数据包括各类互联网信息，人们的各项互联网活动都可以成为大数据分析的一个对象。另外，交通工具、生产设备、工业器材等传感器传播的各类数据也会成为大数据的研究对象。人们通过海量的数据，随时随地进行测量，不间断地对信息数据进行分析。利用新的处理模式，大数据具有更强的决策力和洞察力，实现流程的优化和数据的匹配处理。总之，大数据技术是通过对海量数据进行统计分析处理，从中获取人们行为活动规律的各类信息。大数据的价值在于快速处理各类数据，因为只有快速才能产生实际效用。

2. 大数据在高校学生管理中的应用

高校学生管理工作的主要任务是整合各类学习资源，拓展学生的学习能力，提高学生学习效率，促进综合素质提高，帮助学生排除学习、生活及成长历程中遇到的烦恼和心理障碍，提高学生心理健康水平，顺利适应并度过美好的大学生活。在教育管理过程中，高校出于自身管理方便和节约成本的目的而忽视学生正当权益的事情时有发生；部分教职员工的服务意识淡薄，服务能力和水平较低，把较多的精力和时间投入到科研中，对学生缺乏应有的关爱和引导；再者由于学生教育管理工作面广量大，与学生利益相关的管理部门众多，因此在解决学生实际问题过程中，出于部门利益的考虑，部门之间经常相互推诿，管理效率低下。因此，高校应积极构建和完善大学生成长成才的服务机制，完善与学生利益相关的政策规章的制定和实施程序，明确和提高教育管理组织的服务职能，培养和提高广大教职员工的服务意识，帮助解决学生在个体发展阶段必然或者可能面临的实际困难，为学生的成长成才创造条件。

大数据时代下，数据资源是海量的，理论上一个学校可以收集学生所有的数据资源，如学生个人信息、特长爱好、性格特征，甚至包括社交、日志信息等各种网络资源。高校可以充分利用机构优势有组织地通过对各类数据源的定位和连接，实现数据的采集、传输和汇聚。由于数据资源具有体量巨大、类型繁多、生成快速、混乱无规则等特点，加之这些数据来源于不同的机构或部门，因此很有必要建立统一的数据标准，以实现资源之间的无缝链接，提供各种数据管理服务，例如数据存储、数据加工、数据发布，数据共享。在数据的洪流中，异构、分布和海量的各种数据资源得以汇聚及融合，形成中心资源库，通过预索引的方式，为用户提供快速、简单、易用的资源及服务。建立一站式数据资源服务平台，在促进大学生心理健康，助力学生多元化评价，关怀大学生生活以及指导大学生个性化就业方面发挥重要作用，从而提高高校学生管理工作水平。

（二）大数据时代高校学生管理工作的创新

1. 利用大数据促进大学生心理健康

大学生心理健康管理不应仅是补救性的，而应该向排除正常障碍，帮助学生实现最佳发展为宗旨的发展性模式而努力。当代中国正处于社会转型期，由于经济体制、政治体制、文化体制等的变革，必然带来人们价值观念的变革与冲突，并深刻地影响着人们的社会生活。大学生在这样的时代中理性面对人生的挫折并保持健康的心理状态，并非易事。学习压力、就业压力、感情变化、社会环境、家庭环境等诸多因素，都容易导致大学生心态失衡、萎靡不振等心理问题。作为包括高校在内的社会各方，尤其是高校学生管理工作者，可以利用大数据的优势，实时监测大学生心理情感动态，通过一站式数据资源服务平台，构建健全的心理救助网络，为可能发生的紧急事件提供预案。及时对心理不健康者予以适当的干预和救助，减少由于心理矛盾或心理冲突引发的适应不良问题，预防和缓解心理问题，从而达到利用大数据促进大学生心理健康的目标。

2. 利用大数据助力多元化评价

在奖学金、优团优干和优秀毕业生等评优评选中，可以借助大数据技术对学生进行多元化评价。大数据时代的到来，让所有社会科学领域能够借由前沿技术的发展从宏观群体面向微观个体，让跟踪、记录、处理与分析每一个人的数据成为可能，保障对学生的多元化评价。通过对学生在校园中点滴微观行为的捕捉，学生的上课出勤情况、发言质量、作业完成情况、课堂互动情况、社团活动、课外竞赛参与情况等信息都可以转化为数据，帮助我们了解学生的学习态度、探索精神、实践能力、人际关系、情感与意志等。

高校学生多元化评价研究是时代发展对高校教育提出的要求，是高校在新形势下获得持续发展的自身需要。多元化评价要求我们在学生评优评选中不再依靠有限的智力测验，而是更多地关注学生的内在，借此能够正确地引导和挖掘学生的潜能，改进教学的形式和环节，使学生能够更好地适应现代社会发展对多元化人才的需求，提升高校办学能力与水平。

3. 利用大数据关怀大学生生活

大数据技术让高校学生管理工作部门关怀贫困大学生生活更加及时、更加人性化。各高校应在构建科学合理的贫困生认定机制的基础上，全面收集贫困学生的信息，建立健全贫困生资助信息数据库，并对数据库中的各项信息不断更新完善，以便动态管理贫困生，实现按需资助。对学生就餐、日常消费等数据的实时监测以及处理，可以帮助贫困生及时获得人性化帮助。在不远的将来，高校利用大数据，借助一站式数据资源平台，可以深度整合学生相关信息，如饭卡消费、勤工俭学、社会兼职、学习成绩、奖助情况等各类信息，更准确地覆盖到需要资助的学生。

4. 利用大数据指导学生个性化就业

利用大数据技术，通过收集学生成绩、兴趣、爱好、技能等相关信息，不仅可以为其匹配相应的就业岗位，提高大学生就业率，而且能够提升大学生就业质量，实现高校毕业生更加完善和更高质量的就业。

个性化就业指导贯彻以人为本的原则，针对学生的实际情况、多样化的个性特点，引导其了解自己的职业兴趣、职业发展方向，帮助其制定符合自身特点与期待的职业生涯规划，并提供就业咨询、政策咨询、技术咨询等多方面的服务，帮助学生了解就业前景、就业形势、就业方法与技巧，从而使学生顺利就业。创办于 2009 年的互联网公司 InternMatch，一方面为企业提供校园招聘品牌宣传，展示公司视频、企业文化、问答互动等；另一方面收集和积累学生的信息，包括成绩、兴趣、能力、经历等，为其提供合适的岗位。依托大数据技术，随着一站式数据资源平台的建立，高校与企业的服务将进一步完善，大学生可以快捷、公平地享受个性化就业服务，未来将具有很好的发展前景。

三、"微时代"背景下高校学生管理工作创新

随着"自媒体社交网络时代"的到来，高校学生的学习、生活无时不受以微信、微博、微小说、微电影为传播载体的网络媒介的影响。微媒体的流行，挑战着高校现有的日常管理、教学管理和思想政治教育，这必然要求高校要正视、重视、研究微博等微媒体。应对新形势，高校学生管理工作理应与时俱进、因势利导，出台新举措来适应"微时代"，管理思想上也要紧随潮流，以"被动防御不如主动出击""用点赞代替传统的表扬，把晒情况代替告知家长"等新的学生管理思想来带动学生管理工作向"微"方向转变。

（一）"微时代"对高校学生管理工作的影响

"微时代"冲击着学生管理工作的方方面面，对团学、就业、宿舍管理、心理健康等工作都产生了广泛的影响。

微媒体是团学工作的重要宣传阵地。共青团中央自2013年起，已在新浪网、腾讯网等四家网站同步开通微博，并同时在腾讯网推出微信公众号。按照团中央新媒体工作要求，各级团组织也纷纷建立了自己的微媒体平台，共青团员通过"微"平台可以及时了解党团信息。

微媒体平台是高校毕业生的重要就业信息源。高校毕业生了解就业信息的传统渠道主要依托双选会或网站发布，如今自媒体社交网络的兴起对职业素质教育、就业信息发布和大学生创业都产生了深刻的影响。通过关注就业创业类微博或微信公众号，阅读、浏览职业素质方面的微话题和论述，大学生的职业生涯规划和择业观都直接或间接受到影响。

"微时代"改变着大学生的宿舍生活。Android、IOS等智能手机系统的发展使许多互联网内容都可以通过App手机客户端获取大众流量。大学生的宿舍生活节奏也因为微媒体的便捷而产生了深刻变化，手机充值、超市购物、一日三餐、人际交流等都可以通过手机客户端来直接实现，大学生足不出"舍"就能正常进行课余的主要生活；通过手机上的微博、微信（朋友圈和公众号平台）和QQ等客户端就能了解班级、院系、学校以及社会上发生的新鲜事。

对"微时代"的不适应会引发大学生的不良心理。部分大学生不能适应"微时代"，容易被微媒体所带来的爆炸性、新鲜性的信息迷惑，从而渐渐对课堂知识失去了兴趣，甚至产生厌学心理。有的大学生沉溺于社交网络，因而导致作息时间不规律，直接影响学生的身心健康。

（二）"微时代"背景下高校学生管理工作的创新

"微时代"给高校学生管理工作带来了挑战和机遇，创新学生管理工作机制势在必行。在"微时代"背景下，高校学生管理工作的创新路径主要可从以下几个方面着手。

1. 建立一个"微"体系

"微时代"的广泛影响，导致高校的每个教育管理者和每个大学生都是一个"自媒体"，每个"自媒体"又不是孤立的，而是其社交网络的一部分。按照学生管理工作内容，在团学工作、心理健康工作等方面，可分别建立以下四级"微"网络体系（主要指微博、微信"学生—班级团支部—二级学院团委—校团委""学生—班级心理委员—心理辅导员—校心理健康中心""学生—班长—就业辅导员—校就业中心""学生—班长—宿舍辅导员—校公寓管理科"）这些"微"体系主要有以下三个方面的作用。

（1）有利于"上情下达，下情上传"

学校通过关注班级和学生微博、微信，可以了解和掌控学生动态，学生通过关注学校官方微博、微信，可以第一时间了解学校的各方面工作动态。

（2）有利于学校在第一时间处理突发事件

学生发生交通事故、兼职纠纷和宿舍矛盾等突发事件时，往往都会"晒"在自媒体平台上，由于自媒体平台的瞬时性和互动性，学校可在第一时间获知突发事件情况，保证处理的时效性。

（3）有利于促进师生情感交流

当代大学生有相当部分时间花在自媒体中，师生面对面交流的情况随之锐减，取而代之的往往是微博"互粉"、微信交谈或QQ聊天，通过"微"体系，师生之间不仅加强了工作关系，也增进了师生感情。

2. 壮大两支"微"力

"微"体系的影响力需要人来推动，高校学生管理工作的"微"影响需要壮大以下两支"微"力量：教师队伍和学生干部队伍。教师队伍主要包括学校宣传部、学生处、团委工作人员、辅导员、班主任以及授课老师，这些教师要维护好部门或个人的"自媒体",传递正能量,引导大学生树立正确的人生观、价值观和世界观。学生干部队伍除了学生会、社团联合会等学生组织的学生干部之外,学生管理工作者还应组建一支政治强、作风硬、纪律严的网络宣传队伍,定期研判网络舆情,积极转发、传播学校官方信息,从而扩大网络思想政治教育覆盖面,加强在网络上的思想引导作用。

3. 打造三种"微"素材

"微"体系的成功运作,需要学生喜闻乐见的"微"素材来丰富和充实。高校学生管理工作常用的"微"素材主要有:微电影、微故事和微话题。把发生在校园内的富有正能量的学生典型故事,拍摄成一部部具有感染力和教育意义的微电影,编辑为一个个短小而富有哲理的"微故事";把体现"爱国、敬业、诚信、友善"这一公民个人层面的社会主义核心价值观的学生案例,编辑成一个个"微话题",通过"微"体系投放到学校官方微博、微信平台中去,让学生在观看或阅读后产生思想上的共鸣,达到思想政治教育的目的。学生管理工作者要组建一个由学生干部组成的"微"团队,专门从事"微"素材的制作,以满足"微时代"的发展要求。

综上所述,"微时代"背景下,高校学生管理工作需要在实践中不断总结经验和不足,创新工作方法,切实把"自媒体"有利的一面融入日常工作中去,增进工作实效,把"微工具"变为培养高素质技能型人才的有力助手。

参考文献

［1］ 郑航. 班级管理与学生指导 [M]. 北京：北京师范大学出版社，2011.

［2］ 史文权，杨柳春. 大学生公共安全教育 [M]. 武汉：武汉大学出版社，2010.

［3］ 宋宝萍. 大学生心理健康教育 [M]. 西安：西安电子科技大学出版社，2007.

［4］ 刘新民，李珑. 大学生心理健康的维护与调适 [M]. 2 版. 北京：中国科学技术大学出版社，2012.

［5］ 王若阳，李志民，杨玉海. 新时期维护高校稳定工作体系及机制研究 [M]. 北京：中国人民公安大学出版社，2009.

［6］ 李峥嵘. 大学生安全知识教程 [M]. 西安：西安交通大学出版社，2011.

［7］ 顾翔. 大学生管理 [M]. 上海：华东师范大学出版社，1998.

［8］ 巫殷文. 学生安全教育手册 [M]. 北京：经济科学出版社，2008.

［9］ 吴博. 女性心理健康教育 [M]. 西安：西安电子科技大学出版社，2013.

［10］ 王文婷. 高校学生事务管理理论与实践探究 [M]. 北京：中国纺织出版社，2018.

［11］ 陈强，王恩林，于书诚. 国际学生教育管理实务（来华留学篇）[M]. 天津：天津大学出版社，2015.

［12］ 张振县，卿洪华. 大学生体育与健康教程 [M]. 长沙：中南大学出版社，2013.

［13］ 曾红媛，何进军，陈龙图. 大学生心理健康教育 [M]. 上海：复旦大学出版社，2013.

［14］ 周阿亚. 大学生安全教程 [M]. 镇江：江苏大学出版社，2008.

［15］ 张书明. 社会工作视野下的大学生事务管理 [M]. 济南：山东大学出版社，2007.

［16］ 国家教委学生司. 高校学生管理研究与实践 [M]. 北京：北京师范大学出版社，1992.

［17］ 蒋国勇. 大学生自主管理研究 [M]. 北京：华龄出版社，2007.

［18］ 胡邦曜. 知识守护生命：大学生避灾自救互救手册 [M]. 广州：华南理工大学出版社，2009.

［19］ 黄旭. 新时期青年学生素质教育 [M]. 长沙：中南大学出版社，2004.

［20］ 黄希庭，郑涌. 当代中国大学生心理特点与教育 [M]. 上海：上海教育出版社，1999.

［21］ 陈立民. 高校辅导员理论与实务 [M]. 北京：中国言实出版社，2006.

［22］ 陈红英，舒刚. 大学生心理健康教程 [M]. 武汉：武汉大学出版社，2012.

［23］ 盖晓芬. 现代高等职业院校学生管理模式 [M]. 杭州：浙江大学出版社，2010.

［24］ 童文胜. 高校学生事务管理工作典型案例评析 [M]. 武汉：华中科技大学出版社，2017.

［25］ 张松. 大学生心理健康教育 [M]. 武汉：武汉大学出版社，2012.

［26］ 张体勤，牟思伦. 大学生诚信修养概论 [M]. 济南：山东人民出版社，2008.

［27］ 孔晓东. 大学生心理健康导引 [M]. 武汉：华中科技大学出版社，2011.

［28］ 李万县. 大学生心理健康：问题与对策 [M]. 北京：中国铁道出版社，2004.

［29］ 连榕，罗丽芳. 教育心理学概论 [M]. 北京：北京大学出版社，2009.